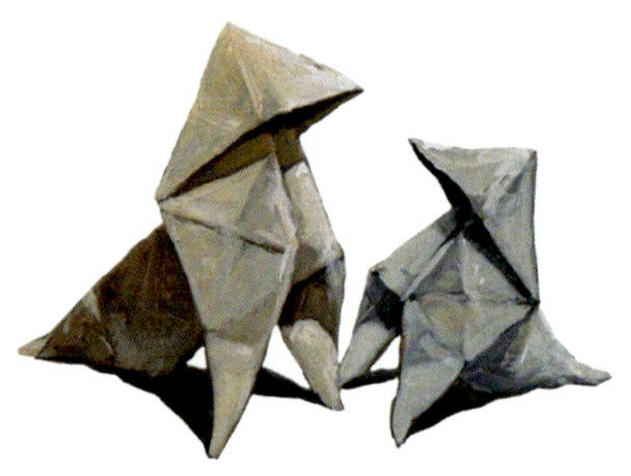

de MADRID a SALAMANCA

entre dos aguas

Ediciones de la Diputación de Salamanca
Serie Catálogos de Exposiciones, n.º 277

1.ª edición: enero, 2025
© Diputación de Salamanca

I.S.B.N.: 978-84-7797-766-7
Depósito Legal: S 16-2025

Maquetación: Bejarano Diseño Gráfico
Imprime: Valle 2020

El programa de exposiciones del Área de Cultura que incluye no sólo las muestras realizadas en la Sala de la Salina o el Patio del Palacio sino también las realizadas en la Torre de los Anaya, tiene como propósito incentivar las propuestas artísticas emanadas desde Salamanca y provincia y aproximar al público haciéndole partícipe de las mismas.

Además de incluir la obra de jóvenes artistas también se albergan las creaciones de autores consagrados que tienen una esencial huella salmantina.

Este es el caso de Antonio Varas que aunque nacido en Madrid, comenzó su andadura profesional y artística en estas tierras charras y que hoy nos presenta su mirada De Madrid a Salamanca. Entre dos aguas, donde nos invita a acercarnos desde el trazo y el color a su trabajo. El pintor recorre en esta muestra el itinerario de toda una vida poblada de gentes, de calles, de monumentos sobre los que llueve el agua que ilumina la luz de su obra

Esta colección que hoy inauguramos comenzó en el Centro Cultural Galileo de Madrid y ahora termina más completa en 2025 y en Salamanca.

Les aseguro que van a disfruta de esta pintura amable, sencilla y que se hizo para ser observada, para deleitar a los ojos de quienes la miren.

David Mingo Pérez
Diputado de Cultura

Antonio Varas de la Rosa,

entre dos luces, entre dos aguas

Huele esta muestra a cercanía de lluvia. Y frente al caballete se detiene la memoriosa, demorada mirada del artista en la paleta del agua, en los cielos violáceos, en la geometría de barbechos, paisajes, calles, espacios detenidos de realista y minucioso ejercicio de libertad sin servidumbre ante moda alguna. La suya es una mirada liberada, compartida durante aquellos años de docencia que recuerdan sus alumnos con devoción, tiempos de dinamismo cultural y felices Goteras en las aulas bejaranas plenas de música que llenó de gracia este madrileño de barrio, que supo pasar página y dedicarse por entero a la pintura en la soledad sonora de su estudio salmantino para seguir captando, desde el realismo rotundo de sus ecos simbolistas y poéticos, el aura inmaterial de aquello que retrata desde la verdad que es belleza y la belleza de lo que es verdad, a la manera de Keats.

De un Madrid humilde, vivido en la calle que ahora evoca con detalles vintages, llega el joven catedrático con sus excelentes notas en la carrera de Bellas Artes, libre y desprejuiciado, dispuesto a la tarea docente, a la dinamización teatral y cultural. Son años compartidos, sí, pero también de bosque umbrío, de búsqueda del dibujo, de regreso a la pintura rápida, de vuelta al caballete. Años de húmedo verdor en la belleza de Béjar que dejan atrás cuadros muy meditados para pasar al óleo en el que se definen por fin los trazos que caracterizan la obra de un artista incansable. Profundamente humanista, observador de la vida, Antonio Varas de la Rosa pinta calles y paisajes con el mismo amor con el que los mira. Y la suya es una mirada atenta que encuadra, enmarca la realidad a la manera de teatrillos que contienen la vida, el agua que cae, el paso del tiempo en el gesto de las gentes. Una mirada cada vez más madura, macerada en manchas de color cada vez más libres, de definición exquisita y a la vez, sugerencia que va más allá del realismo del ilustrador. Y el paisaje, rural y urbano, se llena de paisanaje, el río se desborda, el gesto se relaja. Los suyos son escenarios poblados de gentes que retrata con dignidad y amor, con complicidad y entrega. El pintor, ya retirado de la docencia a la que tanto dio y de la que recibió tanto, es un hombre que camina, que vive las pequeñas historias cotidianas que cuentan objetos y rostros, fondos que son ciudad y pueblo, paisaje de objetos cercanos, memoriosos, en los que habitan rostros y cuerpos jubilosos. Porque tiene la pintura de Antonio Varas cualidad de abrazo y cercanía, dignidad en la pose, sorprendente perspectiva.

De Madrid a Salamanca, el pintor recorre en esta muestra el itinerario de toda una vida poblada de gentes, de calles, de monumentos sobre los que llueve el agua que ilumina la luz de su obra. Porque de esa luz de agua recibe Antonio Varas el brillo de sus cuadros, la pátina feliz de la luminiscencia de su pintura. Bajo el paraguas, los paseantes recorren la ciudad letrada, el Madrid de otro tiempo… y es el reflejo cristalino el que nos recuerda la límpida luz tras la lluvia, la cualidad de su brillo. Lluvia que no sabe de distancias porque el horizonte es uno, y de Madrid al cielo que tiene el mismo azul velazqueño de esta dorada Salamanca. Paisajes del corazón de un pintor que ama por igual a ambas ciudades en su abrazo de agua, en su caricia de lluvia, mientras los rostros y los cuerpos pueblan los cuadros, habitan los escenarios e interiores de su talento.

Cronista de la vida cotidiana, Antonio Varas es un realista con pincelada poética de delicado simbolismo. Recorre rostros y cuerpos con el gesto detenido del atento observador a vuela pluma, que luego en la soledad del taller, recurre al color, al oficio bien hecho, a la madurez serena de su genio libérrimo. Su pintura cercana y colorida es la materia plena de un hombre de mirada apasionada, trabajo ímprobo, segura certidumbre. La del agua que limpia de toda perturbación la escena cotidiana y hace aún más nítida la visión de las cosas; la del artista convencido de que la libertad de su arte encuentra eco y espejo en un espectador que recorre el paseo de su mirada, el gusto por lo humano concentrado en el rostro, la secuencia detenida de la vida que pasa, cercana, libérrima, compartida. Pajaritas al aire, trémula gota que agranda el detalle en el que se enreda esa mirada admirada sobre un mundo que brilla tras la lluvia que limpia y corre por las venas y los paisajes, de Madrid al cielo, de Salamanca al surco de su vuelo, la obra de un artista en el cénit de su entrega, en el cauce de su diario fluir, constante y pleno.

Charo Alonso. Licenciada en Filología. Escritora

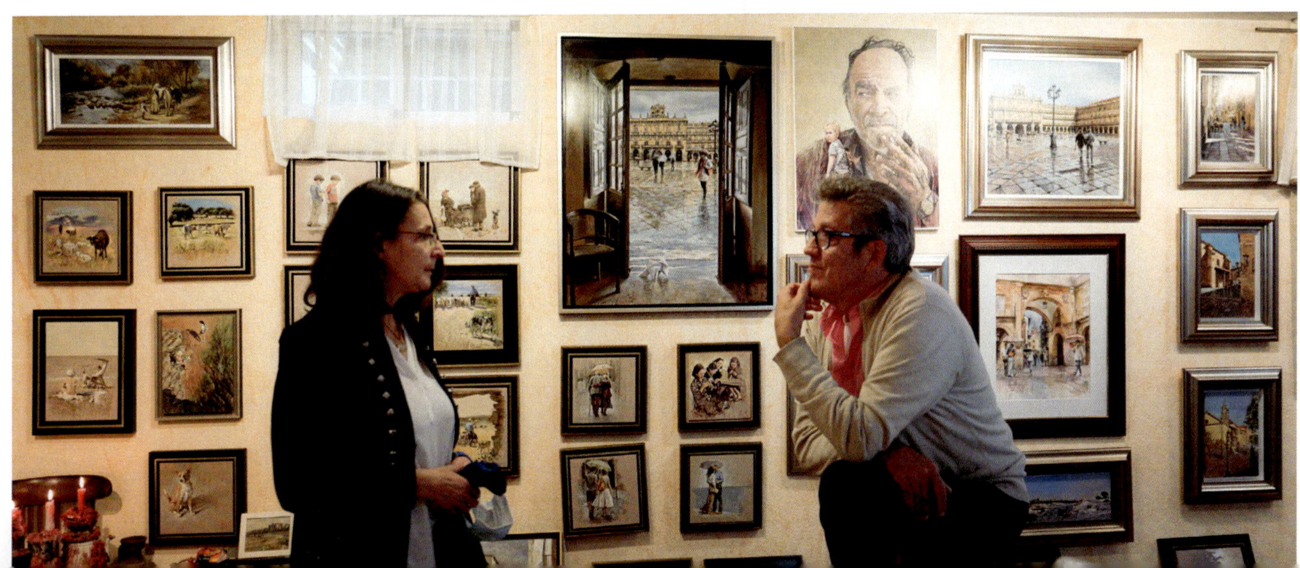

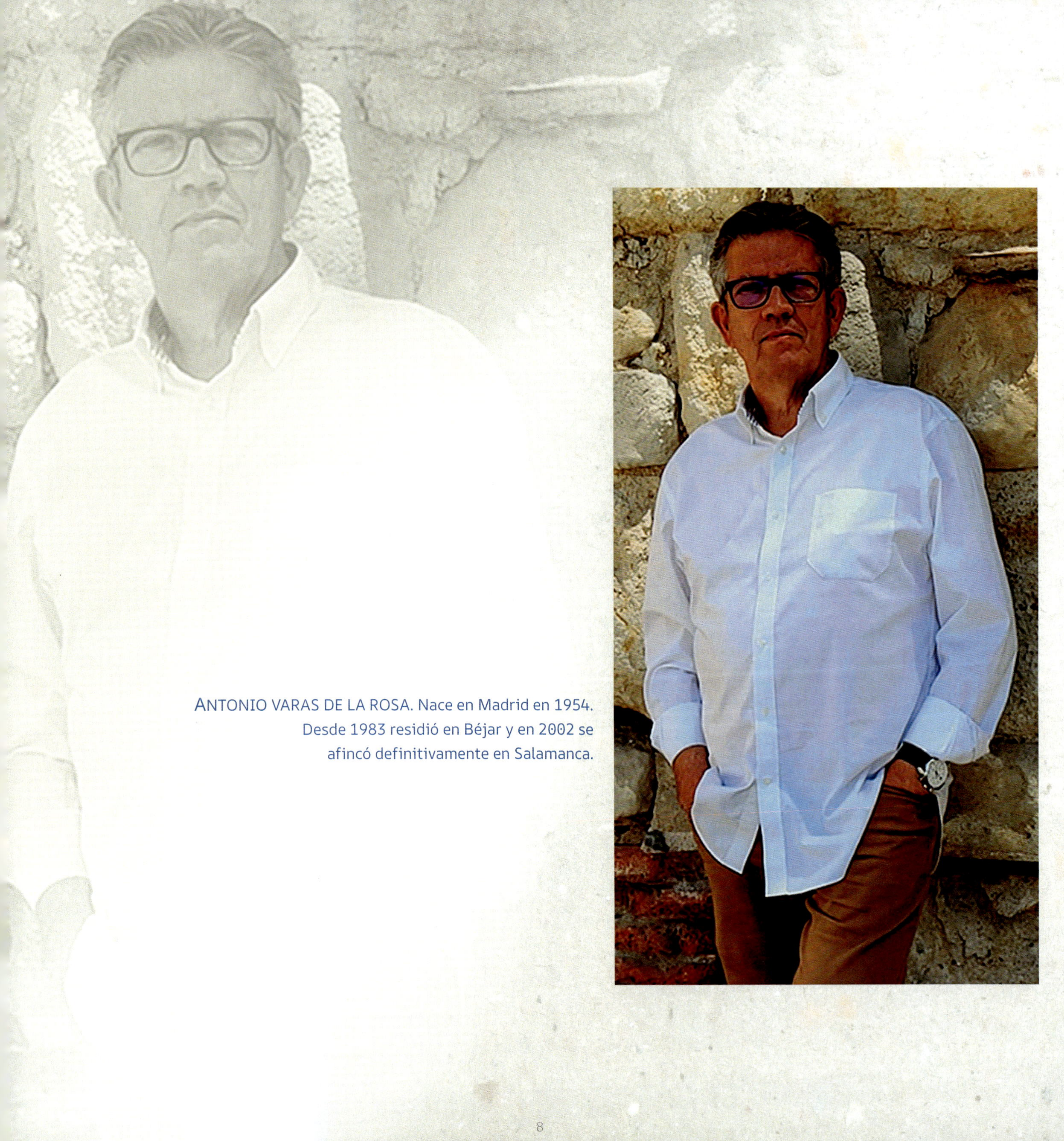

ANTONIO VARAS DE LA ROSA. Nace en Madrid en 1954.
Desde 1983 residió en Béjar y en 2002 se
afincó definitivamente en Salamanca.

La palabra IDEA tiene su raíz en el griego y significa "ver, captar el aspecto formal de las cosas".

Desde muy pequeño Antonio desarrolla en su Madrid natal la curiosidad, el afán por ver, mirar, observar e interpretar lo que le rodea. Ello le permitirá, transformar y dirigir estas ideas en impulsos para dibujar ilustrar y realizar todo tipo de actividades plásticas tanto individualmente como en grupo o colectivos culturales. Siempre en busca de la "Belleza".

Antonio provoca la sorpresa, la admiración y el disfrute en su obra. Con el tiempo decide cursar estudios en la Facultad de Bellas Artes de San Fernando de Madrid, animado por el pintor Pedro Mozos, y termina la carrera en 1978 especialmente dotado ya para el dibujo, el color, el claroscuro…

Corren los primeros años 80 y oposita a profesor de dibujo. En la ciudad salmantina de Béjar comienza su nueva andadura educativa como catedrático de bachillerato en el I.E.S Ramón Olleros (1983). Crea junto a un grupo de alumnos, y acompañado del dibujante e historiador José Muñoz, el grupo de dibujantes "GOTERAS" que dirige sus caminos entre el cómic educativo, el teatro, la animación de alumnos, las ilustraciones, los murales y carteles, …

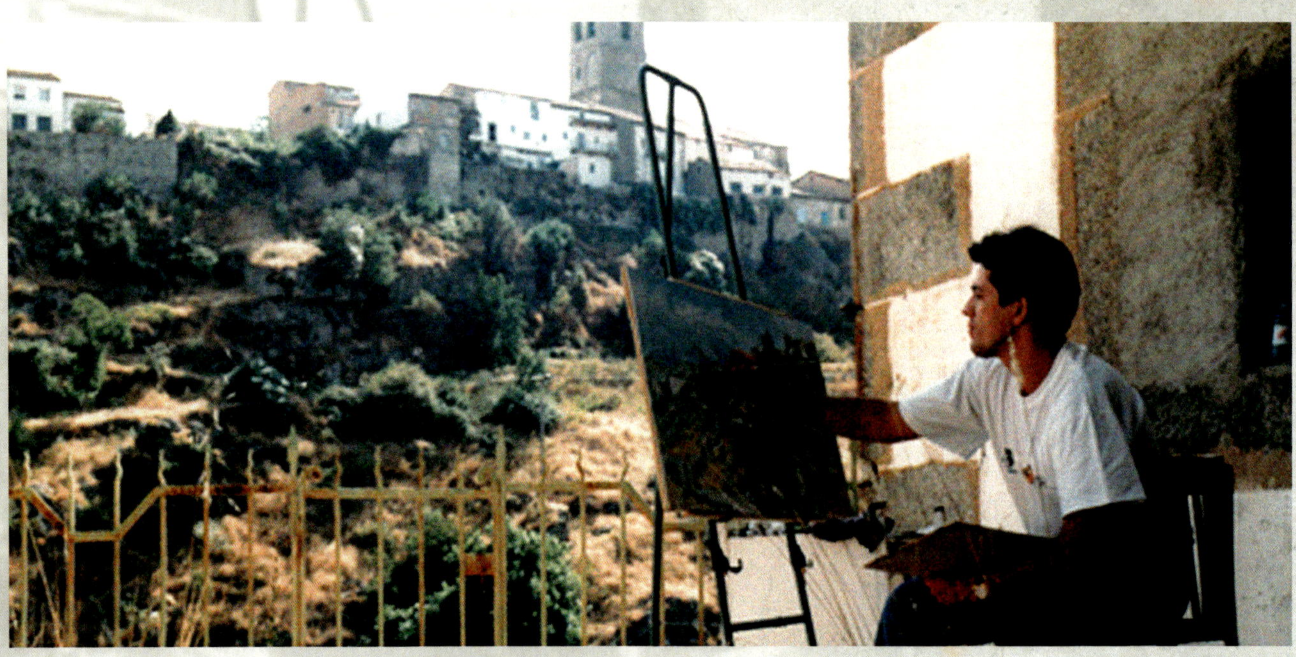

En 1986 compagina su faceta como artista, como pintor, con sus tareas como educador. Comienzan sus primeras y más estudiadas obras: su primera exposición de dibujos y las siguientes muestras (Los premios empiezan a compensar su esfuerzo). A sus primeros cuadros y bodegones intimistas le continúan sus paisajes urbanos y del entorno bejarano. Conoce a un grupo de pintores de pintura rápida con los que participa y cuyos premios afianzan el concurso de Pintura Rápida de Béjar.

En 2002 se instala en Salamanca y comienza una observación más directa y cotidiana de la ciudad: su luz y su color, los ciudadanos de a pie que recorren sus calles. El AGUA, con sus reflejos y sus luces, es el motivo e hilo conductor más importante en la mayoría de sus composiciones; la lluvia y sus colores y reflejos entre la gente paseando con sus paraguas, refugios poéticos, en sus recorridos urbanos o campestres. (Siempre le ha perseguido el agua como la balada de otoño de Serrat:

Esta observación termina definiendo los cuadros de Antonio Varas: cuadros que a modo de "teatrillo" concretan cada uno de sus óleos (técnica en la cual se encuentra más cómodo), elementos que no dejará de reflejar en sus obras, donde desarrolla su actividad creativa desde que se jubiló de la enseñanza en el año 2014.

Su pintura, enmarcada siempre dentro de la figuración clara y limpia, y dentro de una cierta envoltura clasicista, posee connotaciones íntimamente relacionada, a modo de fusión, con el impresionismo, el expresionismo y el surrealismo. Pinturas pensadas para ser contempladas con disfrute y el deleite.

Antonio ha conseguido hacer de su obra un canto muy personal, a veces incluso íntimo; un buen hacer creativo con la luz, el color y la composición; una obra clásica en apariencia, pero muy contemporánea en ejecución.

El trabajo de este profesor de instituto recupera la esencia de los grandes dibujantes, el ímpetu de los principales impresionistas y la destreza de los buenos paisajistas para transformar su pintura en una expresión viva, fresca y honesta del realismo más auténtico. Pinta lo que cree y, por encima de todo, cree en lo que pinta. Por eso su obra transmite, emociona y convence.

Esta colección de hoy comenzó en el C. Cultural Galileo de Madrid, donde fue todo un éxito de crítica y público, continuó en Peñaranda, y ahora termina más completa, en 2025 y en Salamanca, como colofón de sensaciones, acompañando la trayectoria de educadora y artística de sus recién estrenados 70 años.

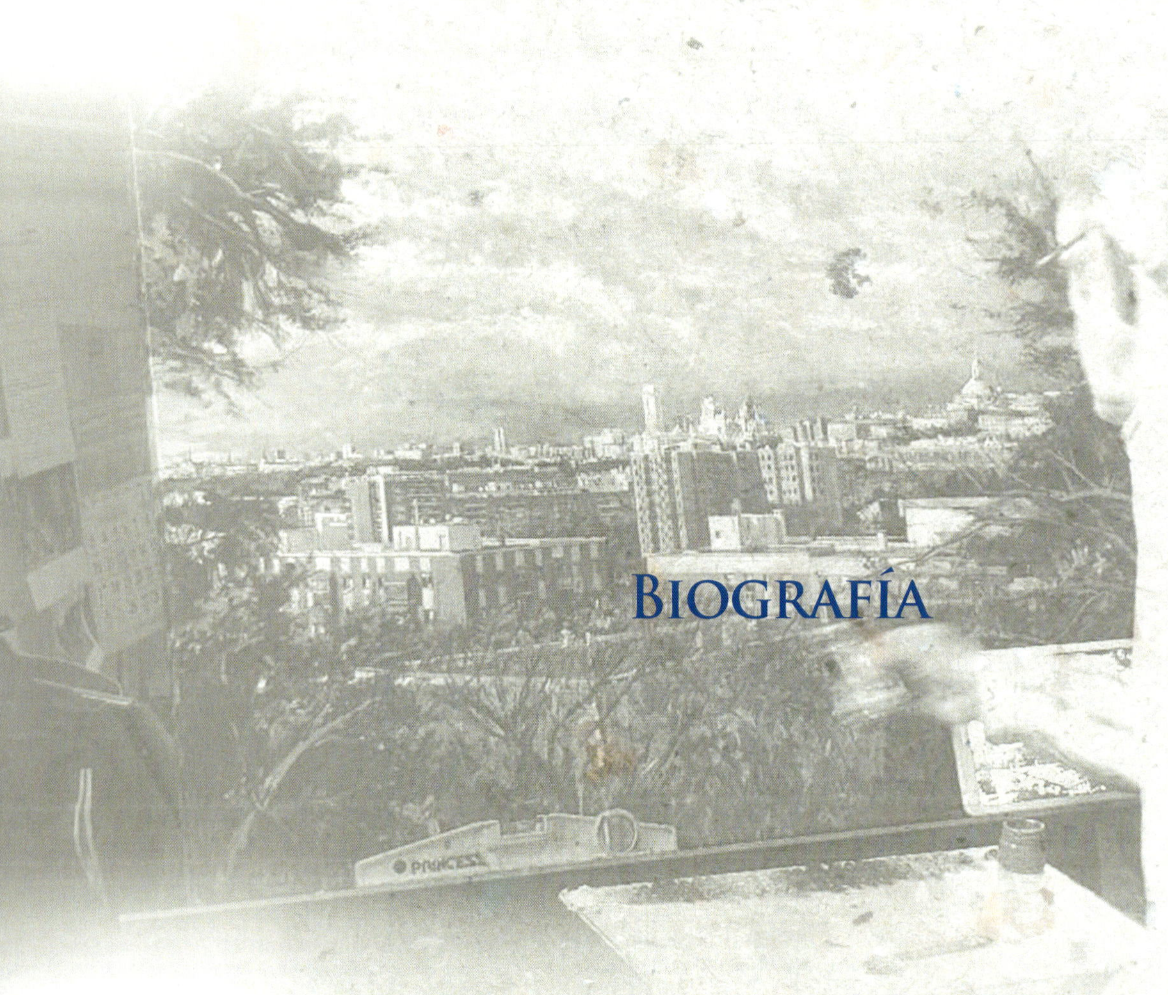

Biografía

Antonio nace en Madrid en 1954 y ya desde pequeño va recreándose, como un viajero, en el proceso creativo de un mundo que para él va siempre unido al dibujo de personajes del tebeo o las figuras de barro, asuntos que no dejará de plasmar continuamente en carteles, ilustraciones o murales.

Los temas de paraguas. Los reflejos y las composiciones entre lo expresivo e ilustrativo definen hoy en día la pintura de A. VARAS. Lo fotográfico y lo irreal se acoplan. La unión entre la arquitectura clásica, el edificio histórico, con lo humano en un juego plástico y surrealista como si tal fuere un pequeño escenario teatral, constituyen el encuadre plástico de sus obras.

- Fundador de la Asociación Cultural "La Bufanda" – Coslada-Madrid 1978.
- Realización de murales, carteles, ilustraciones… – Coslada 1978 – 1983.
- Licenciado en B.B.A.A. San Fernando. Madrid.
- Catedrático de Bachillerato. MEC. Madrid 1983
- Fundador del grupo de dibujantes "Goteras" Béjar – Salamanca 1984.
- Realización de la revista de comics, murales, teatros y animaciones con el colectivo
- Goteras – Béjar 1984- 1992.
- Ilustrador y creativo Ayuntamiento de Salamanca- 1984 - 1986.
- Educador de cursos de dibujo para el Ayuntamiento e impulsor del concurso de pintura rápida de Béjar.
- Ilustrador de los Diccionarios Curiosos de Salamanca y Valladolid. 2002 - 2003.
- Ilustrador de Salamanca una historia ilustrada. Fundación Salamanca 2018
- Colaborador para Asociaciones culturales y ONG - Ayuntamientos - Béjar y su entorno -
  Manos Unidas - A.S.E.M.-Galicia - Médicus Mundi, etc.
- TEX (tos-pin) TURAS. Libro de poemas- pinturas.

PREMIOS

- 1975 II Premio Nacional de arte deportivo. Madrid.
- 1977 I Premio de carteles. San Fernando de Henares. Madrid.
- 1978 II Premio de pintura. Ciudad de Coslada. Madrid.
- 1989 Finalista pintura "Ron Bacardí". Málaga.
- 1991 III Premio de dibujo. Mención honorífica Fundación Gregorio Prieto. Valdepeñas.
- 1993 I Premio de carteles. Arganda del Rey. Madrid.
- 1995 I y IV Premios de pintura, placa de Honor. Almendralejo. Badajoz.
- 1997 Finalista. Nacional de pintura ciudad de Córdoba.
- 1998 Finalista ciudad de Almazán de pintura. Soria.
- 1998 III Premio de pintura rápida. Cerezo de Abajo. Segovia.

.1998 II Premio de pintura "Nicolás Megía". Fuente de Cantos. Badajoz.

.1999 V Premio de pintura rápida. Castellar. Jaén.

.1999 I Premio de pintura. Ciudad de Sigüenza. Guadalajara.

.2000 I Premio de pintura. Ciudad de Venta de Baños. Palencia.

.2001 Finalista. Premio de pintura rápida de Toro. Zamora.

.2003 Finalista de pintura rápida Ciudad de Sallies de Bearg. Francia

.2003 III Premio de pintura rápida Ciudad de Urdos. Francia.

.2004 I Premio de pintura rápida de Tordesillas. Valladolid..

.2004 Finalista de pintura rápida de Medina de Rioseco. Valladolid.

.2004 I Premio de Carteles. Carbajosa. Salamanca.

.2006 Premio MUFACE-Adquisición obra-Votación popular

.2008 I Premio Pintura. Cabrerizos-Salamanca.

.2012 Semifinalista Premio de retratos National Gallery- Londres.

.2012 I Premio Certamen Artes Plásticas Ciudad Rodrigo.

.2013 Semifinalista Premio de retratos National Gallery- Londres

.2013 Finalista XLI Concurso pintura Fuente Álamo – Murcia.

.2014 Finalista V Certamen pintura – Laura Otero- Miajadas – Cáceres

.2017 Finalista VII Certamen Internacional de Pintura –Ramón Portillo - Motril-Granada.

.2019 Finalista IV Salón de Primavera de Pintura Realista- Madrid.

.2019 Finalista Premio pintura ciudad de Martos. Jaén.

.2019 Finalista- Premio Pintura ciudad de Manises. Valencia

.2019 Finalista – Bollullos del Condado - Huelva .

.2019 Finalista - Carta Puebla- Miguelturra- Ciudad Real.

.2019 Finalista Indalecio Hernández- Valencia de Alcantara. Cáceres

.2020 Finalista Premios Real academia de B.B.A.A. San Carlos .Valencia.

.2020 Finalista Salón Primavera pintores Figurativos. Madrid.

.2020 Slecc .XLI Certamen de pintura "Carta Puebla . Ciudad Real.

.2020 Finalista . Fregenal de La Sierra. Badajoz.

.2020 Finalista " Miradas 2020 - Fund. Jorge Alió. Alicante 2020.

.2021 II Premio –accesit- certamen pintura. "Juan Francés"-Xátiva –Valencia .

.2021 II Premio Certamen Nacional Medina de Pomar- Burgos.

- 2022 MENCION ESPECIAL.- Concurso pintura Villaescusa- Cantabria.
- 2022 Accesit . Premio Iberoamericano. Diego de Losada. Zamora.
- 2024 Finalista Premio Iberoamericano. Diego de Losada .Zamora.

EXPOSICIONES

- Móstoles. Madrid. 1978 - 1979.
- Medina de Rioseco. Valladolid. 1979.
- Sala Espronceda. Madrid 1980.
- Arenas de San Pedro. Ávila 1990.
- Caja Salamanca y Soria 1989- 1991.
- Caja Extremadura. Plasencia 1994.
- Caja España. Valladolid 1994.
- Casino Obrero Extremeño. Badajoz 1994.
- Miranda del Castañar. Salamanca 1995.
- Casino Obrero de Béjar. Salamanca 1995 -1999.
- Casa Regional de Castilla la Mancha. Madrid 1996.
- Caixa-Vigo. Pontevedra 1997.
- Arcale – Feria de Arte- Palacio de Congresos. Salamanca 1999-02-03- 2004.
- Galería Infantas. Madrid. 2000.
- El Corte Inglés. Valladolid 2000.
- Acuarelas " 5 Miradas" Diputación de Salamanca, -Itinerante provincia 2002 – 2003 - 2004 - 2005.
- Sala municipal "Casa Revilla". Valladolid 2003.
- Caja Rural. Salamanca 2003.
- Caja Duero. Béjar. Salamanca 2004.
- Centro Cultural. Carbajosa. Salamanca 2004.
- La Salina. Diputación de Salamanca 2005.
- Caja Duero. Zamora 2006.
- Galería Arte galería. Santa Cruz de Tenerife. Mayo 2006.
- Caja Duero. Palencia 2006.
- Expo-Arte. Palencia. Agosto 2006.

- Feria de Arte. Montichiari (Brescia). 30 Nov-3 Dic. 2006. ITALIA.
- Arte Galería. Tenerife. 2006.
- Galería Gaudí. Madrid. 2006.
- ARTénim Grenoble. 2007.
- Casa de las Artes. Laguna de Duero. Valladolid. 2007.
- Expo-Aire. Palencia. 2007.
- Fundación Progreso y Cultura - Madrid. 2007.
- Cajaduero. Plasencia - Béjar – 2008- 2009.
- Corte Inglés. Salamanca. 2009.
- Deganat dels Registradors de Catalunya. 2010.
- Caja de Ávila. Navas-Piedrahita-Arévalo- Barco. 2011.
- Noho Gallery. New York. 2011.
- La Salina. Diputación de Salamanca . 2011
- Caja España Duero- Los Bandos. 2012.
- Biblioteca Torrente Ballester. Salamanca. 2014.
- Museo Cerrato Castellano. Baltanas. Palencia 2015.
- Galería Fariza. Getxo. Bilbao. 2017.
- Castillo de la Biosfera. San Martín del Castañar. Salamanca. Junio 2017.
- ART FAIR – Málaga. 2017.
- Art Revolution TAIPEI 2018.
- Paisanajes- Ayuntamiento de Salamanca. 2018.
- Exposición-Basilica teresiana". Alba de Tormes. Salamanca. 2019.
- Pinceladas Urbanas de Salamanca. Casino de salamanca. 2020.
- Art For Youth. Noviembre 2020. Londres. Reino Unido.
- Miradas 90/20. Centro Cultural El Charro. 2020. Salamanca 2021.
- HOTELES-EUROSTARD- Salamanca-Madrid. 2022.
- C. Cultural Galileo. Chamberí- Madrid. 2023.
- CDS G. Sánchez Ruipérez. Peñaranda. 2024.

www.antoniovaras.com
antoniovaras@telefonica.net

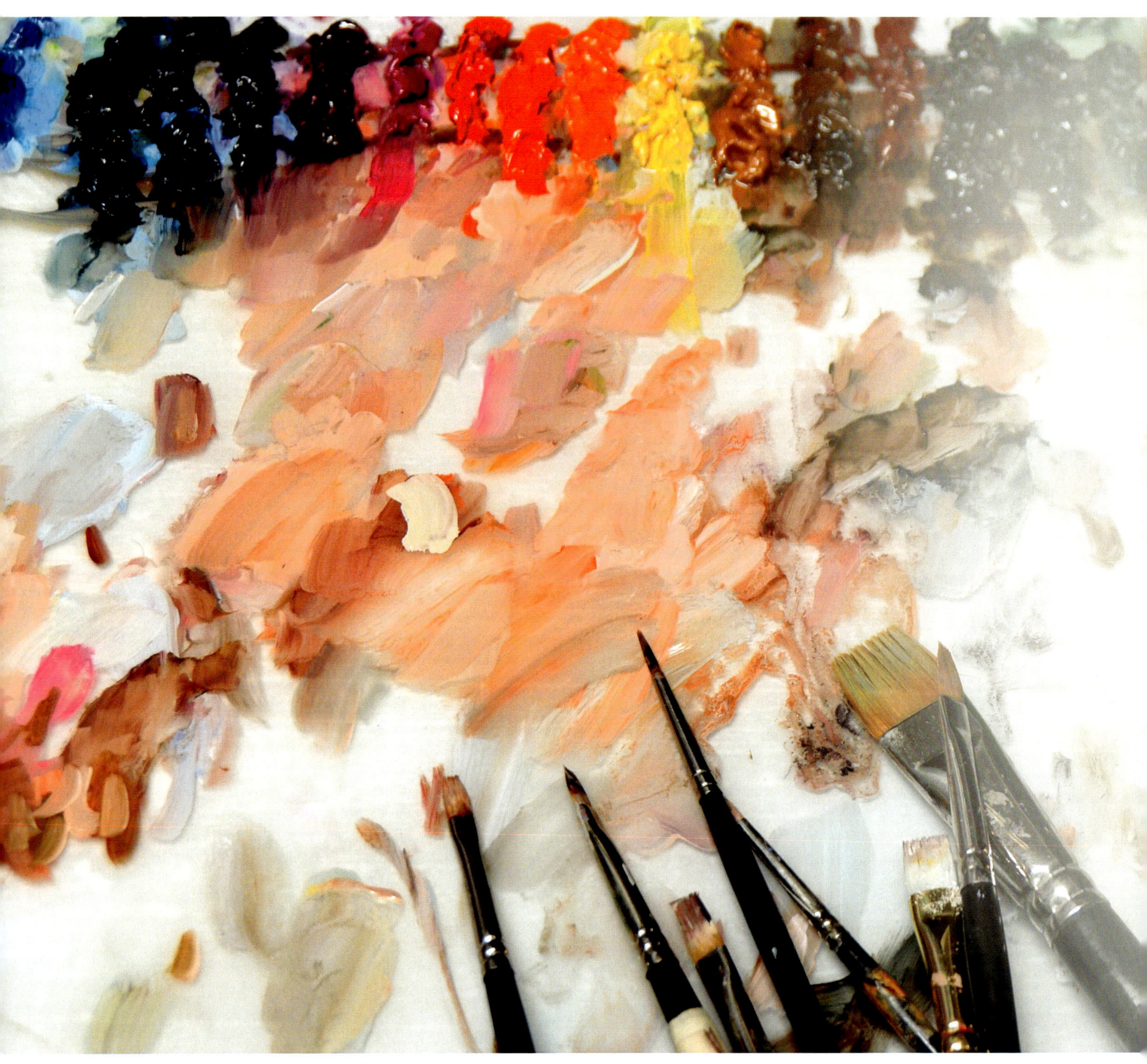

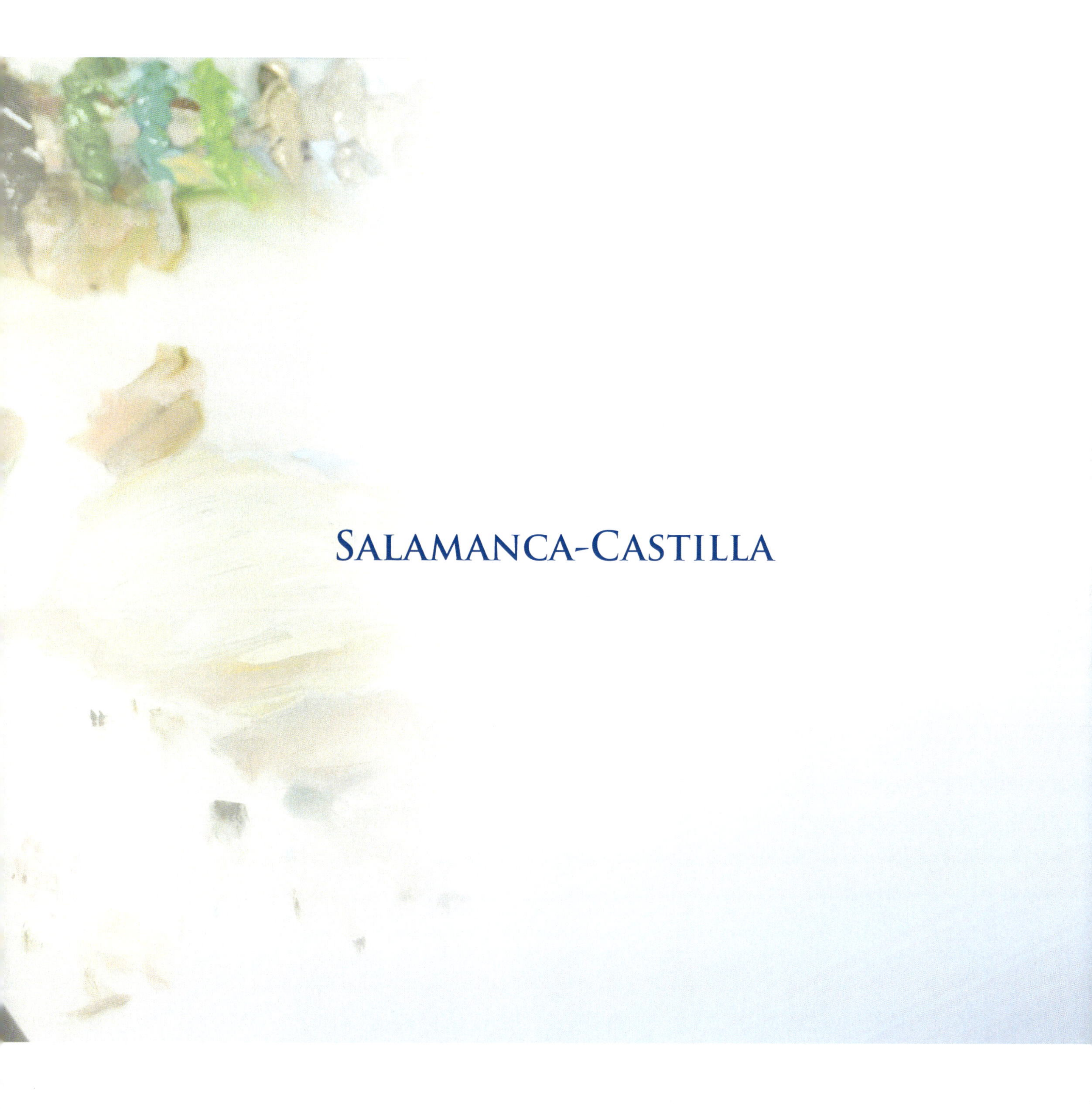

Salamanca-Castilla

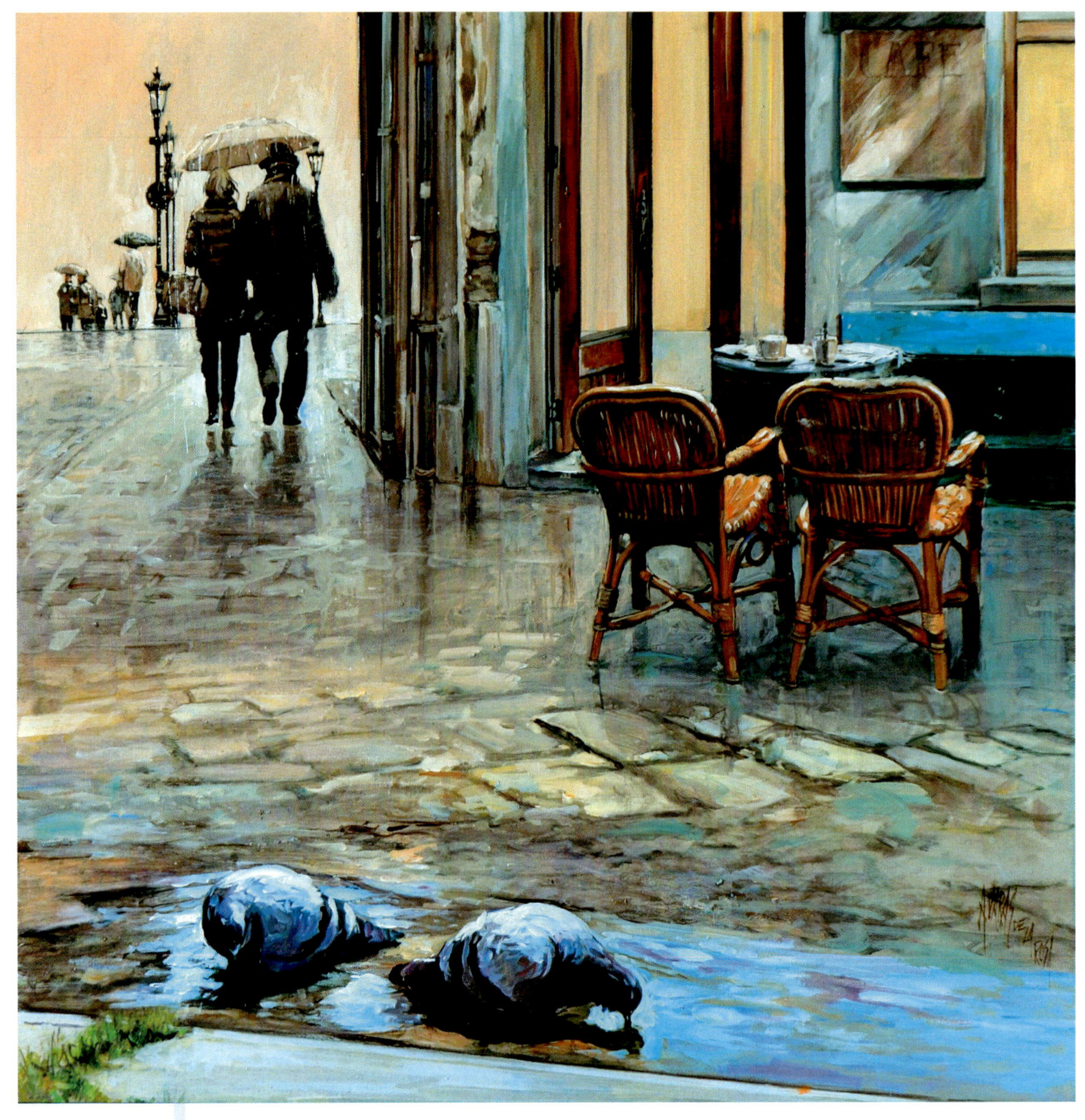

PALOMAS
Óleo-Tabla . 60,5 X 60,5 cm

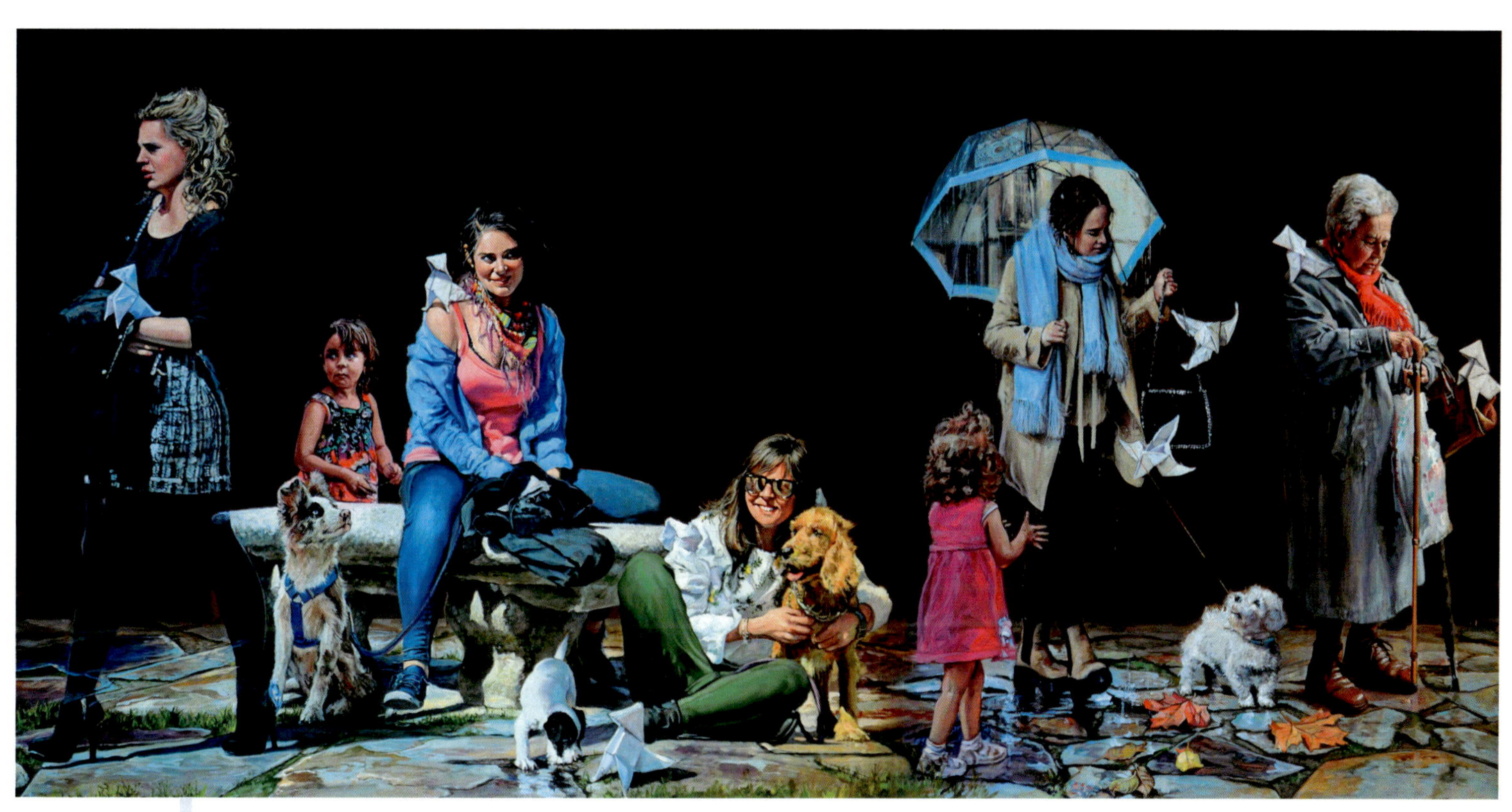

7 Mujeres
Óleo-Tabla. 100 x 200 cm

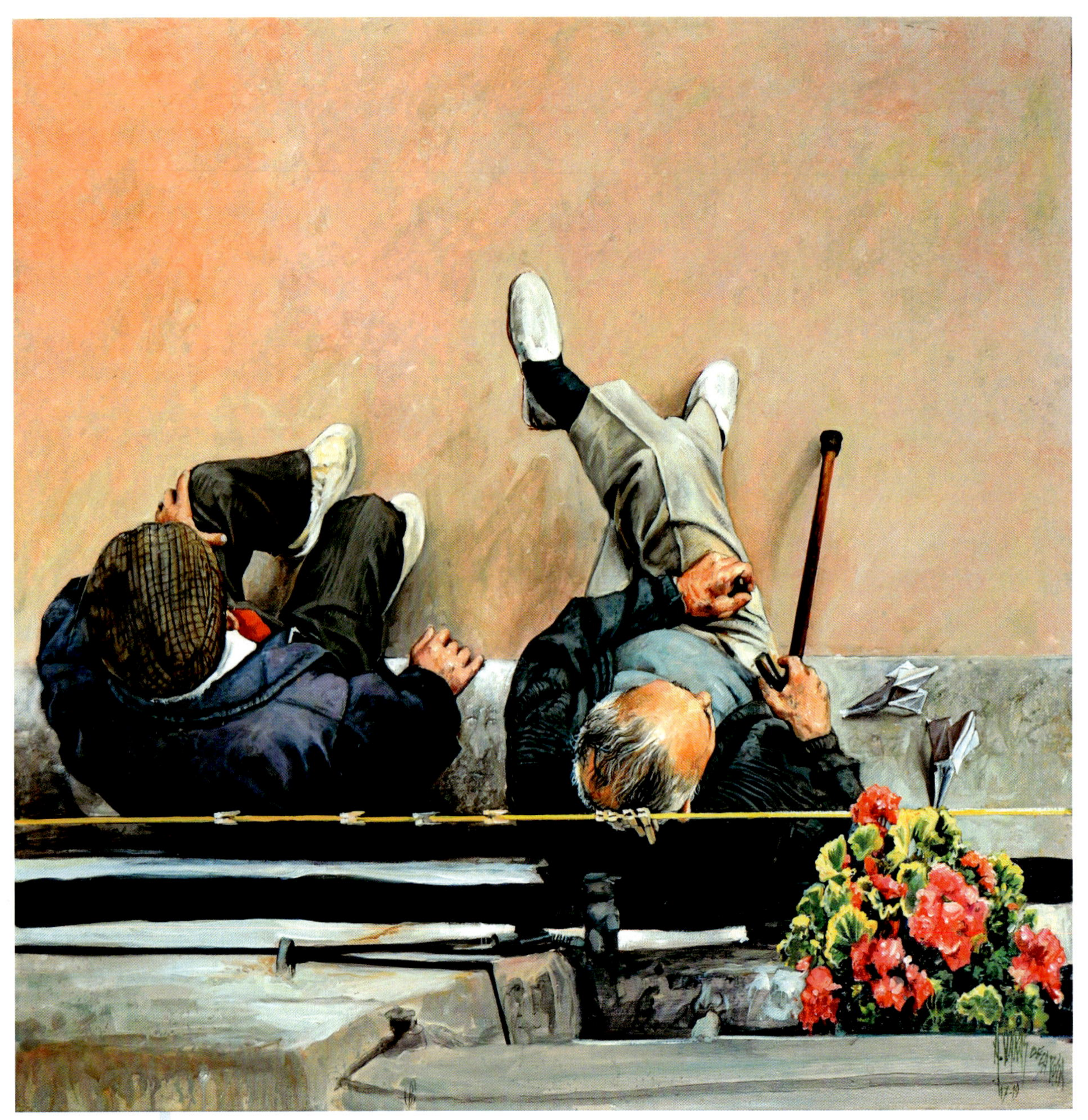

ABUELOS
Óleo-Lienzo. 60 x 65 cm

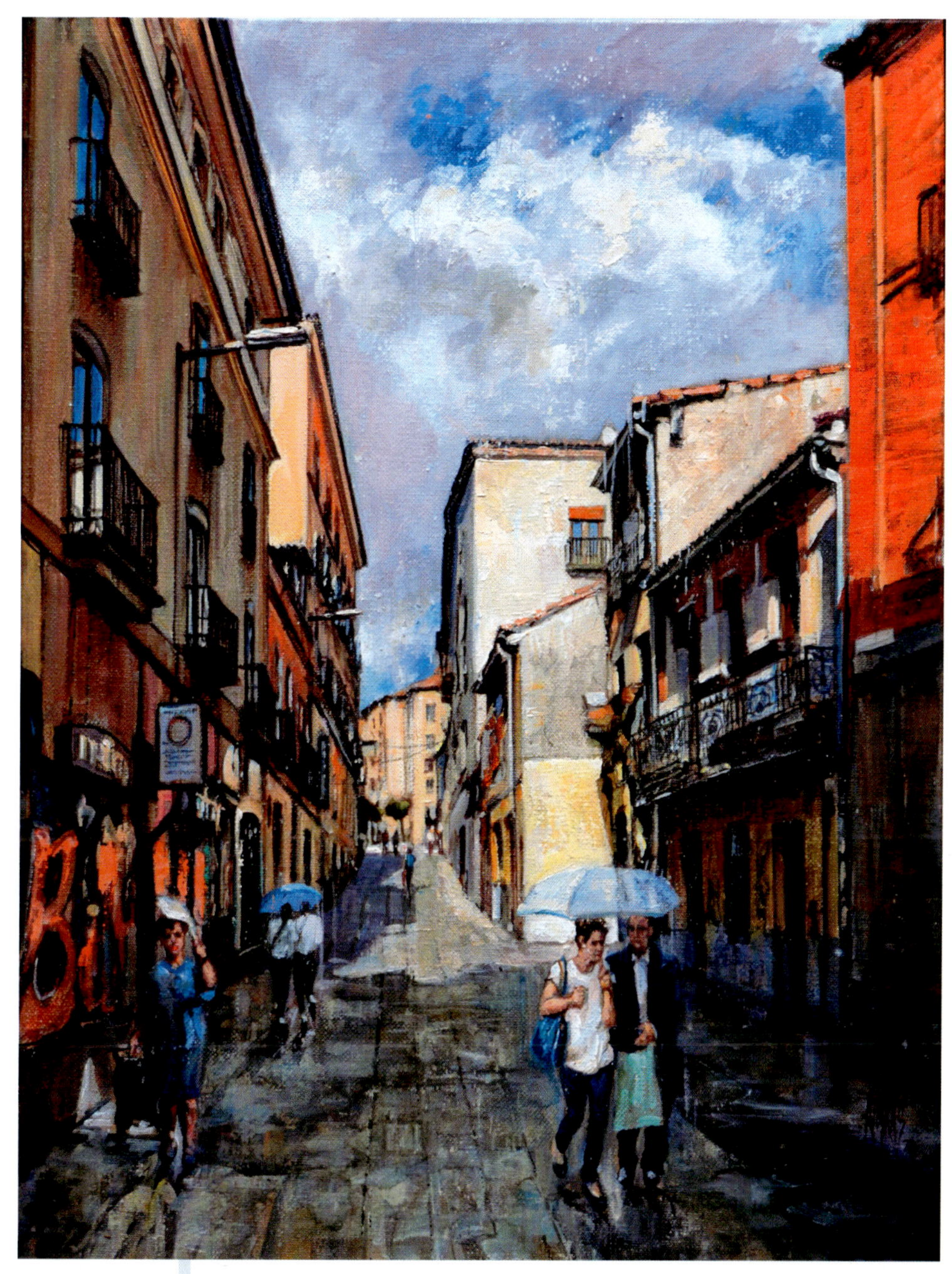

CALLE VARILLAS
Óleo-Lienzo. 35 x 46 cm

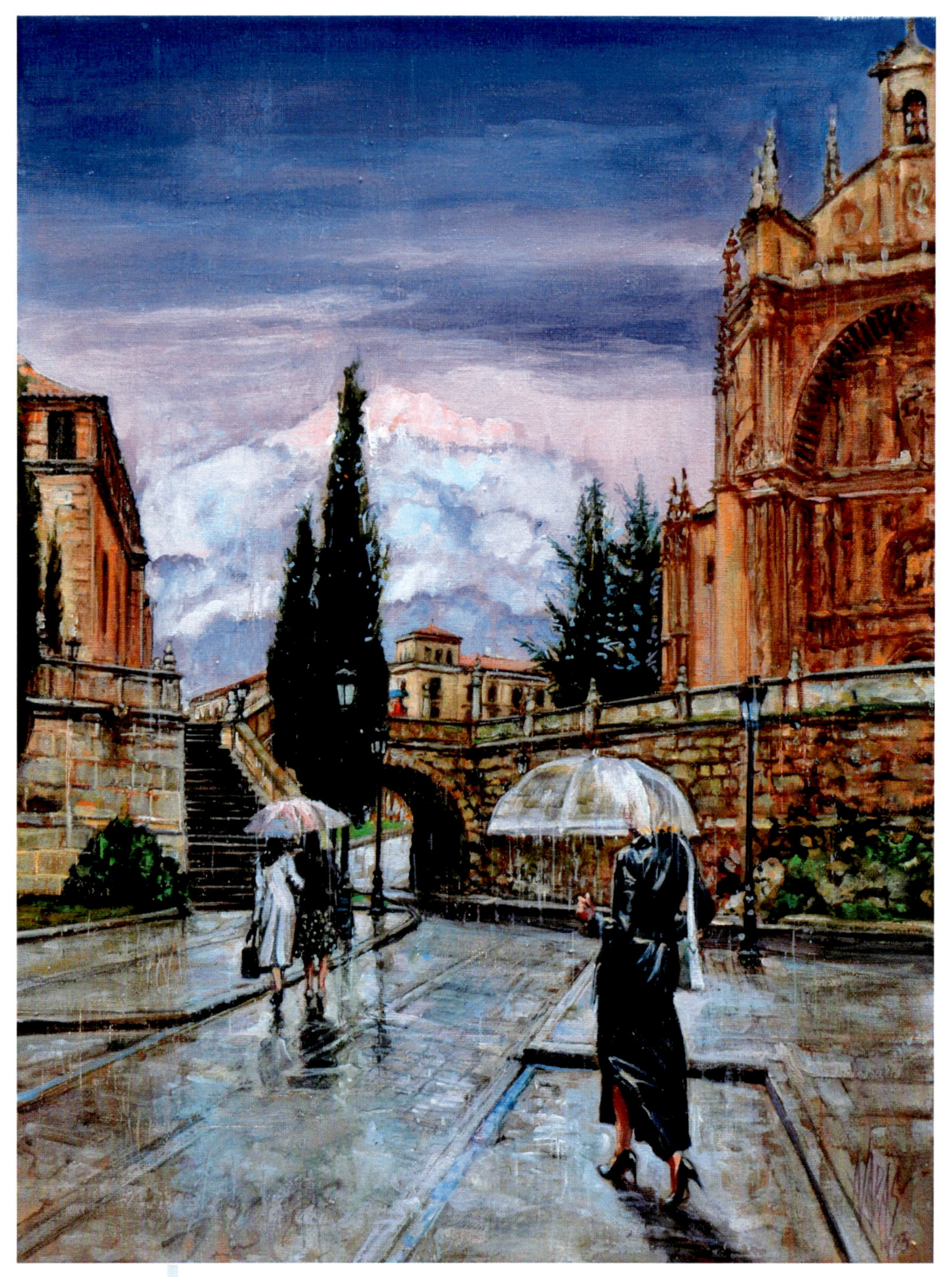

Dominicos
Óleo-Lienzo. 35 x 46 cm

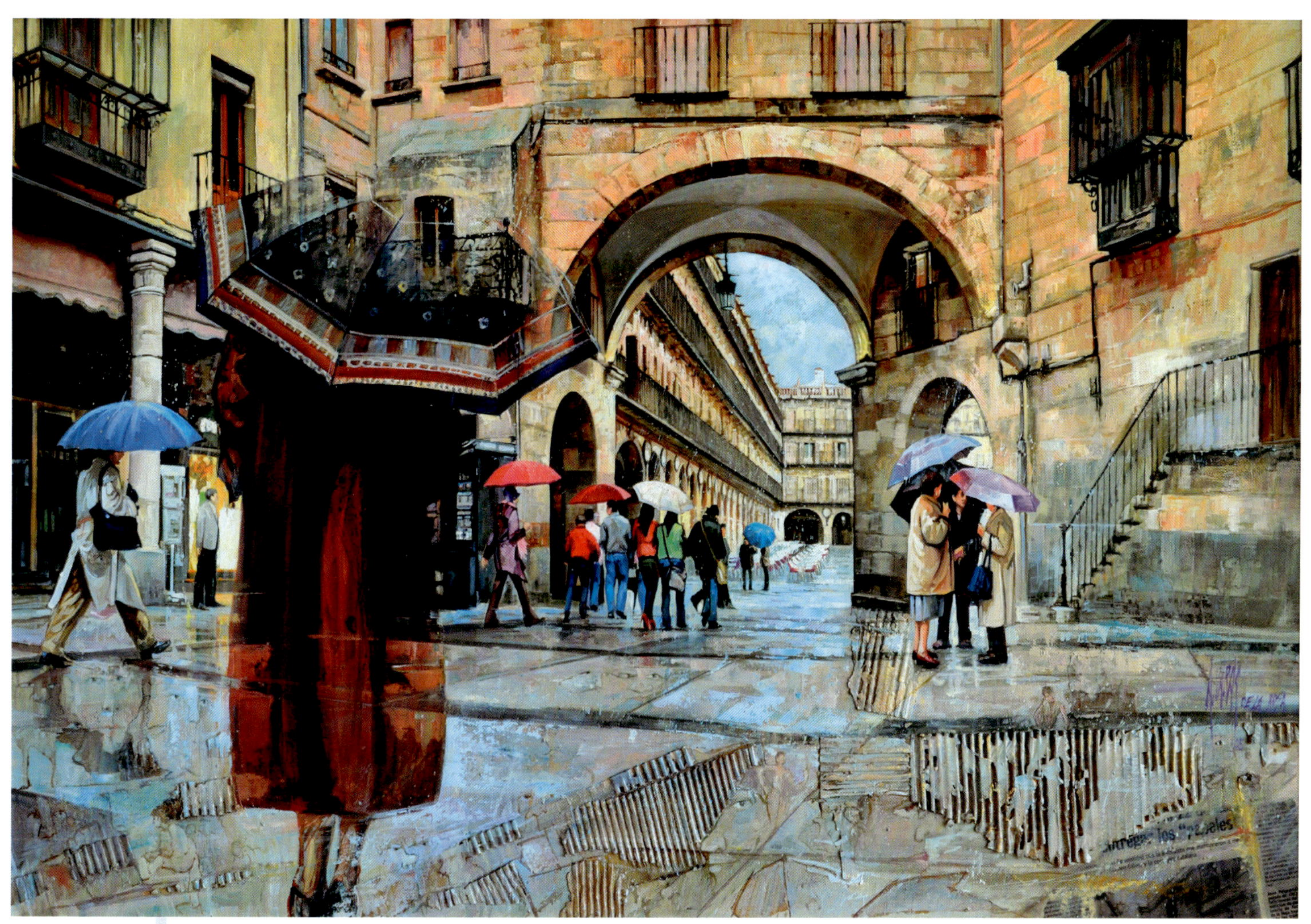

EL CORRILLO HACIA LA PLAZA
Óleo-Tabla. 88 x 122 cm

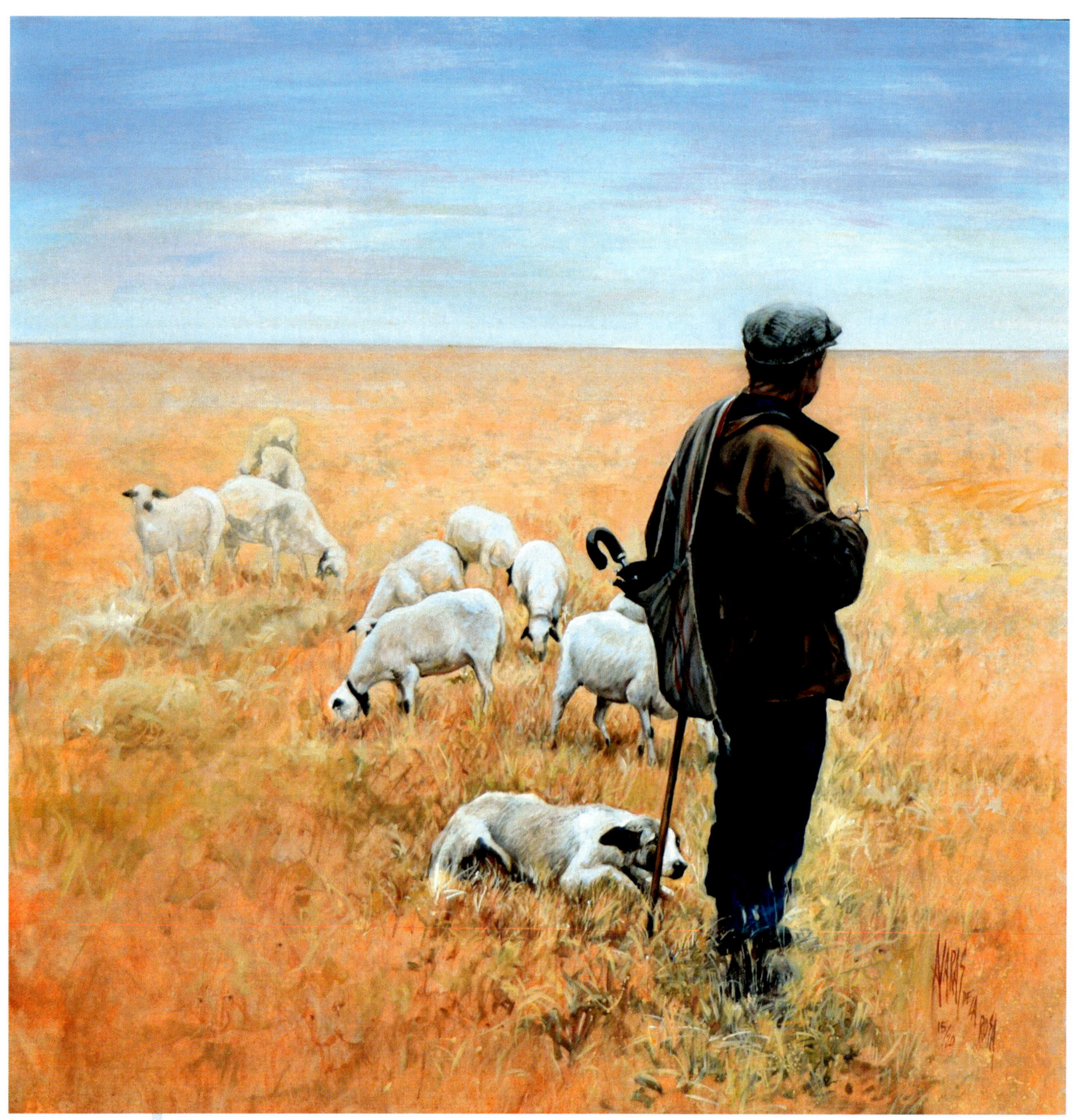

EL HORIZONTE DEL PASTOR
Óleo-Tabla. 62 x 62 cm

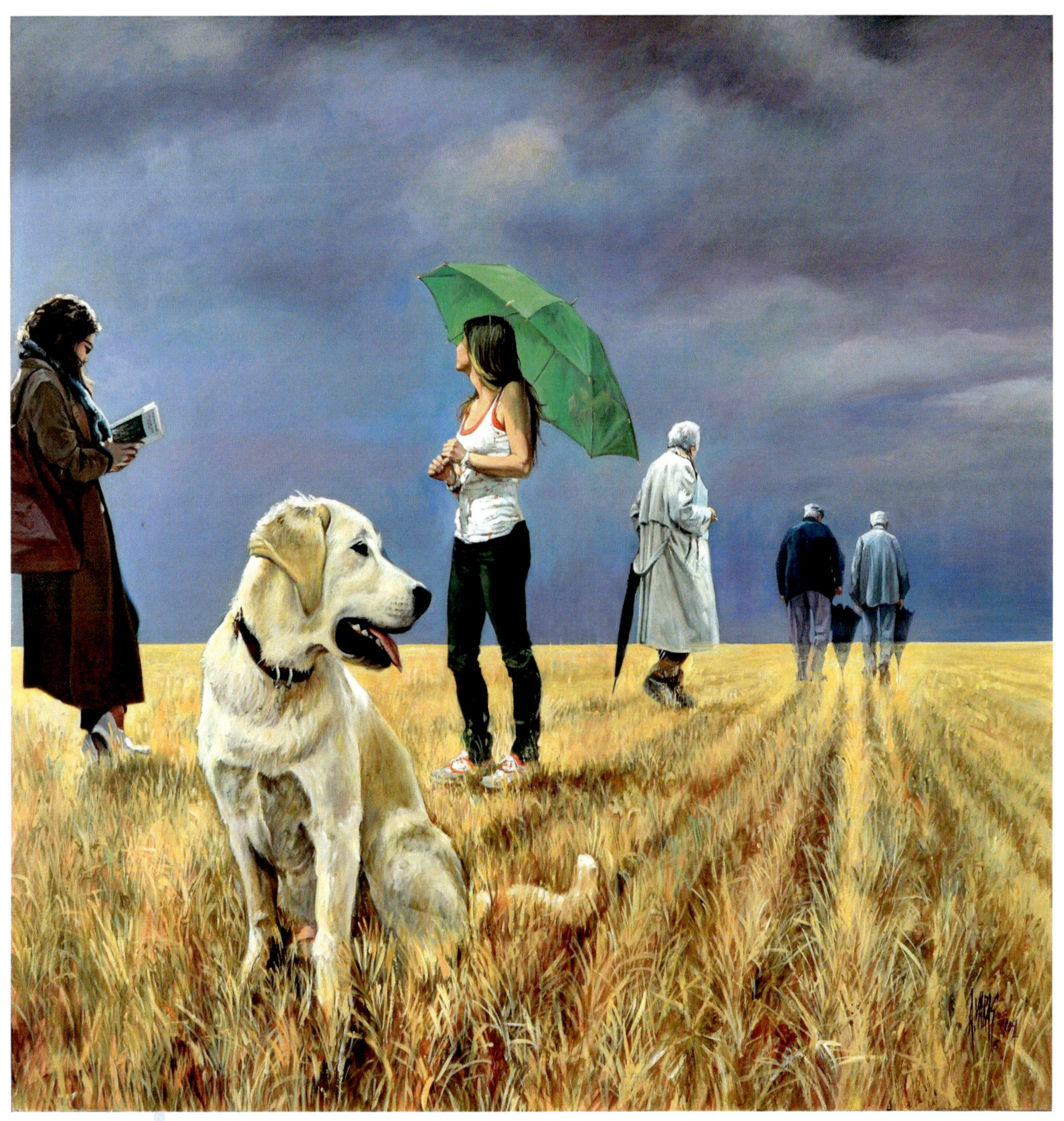

EL PERRO CUIDA DEL REBAÑO
Óleo-Tabla. 100 x 100 cm

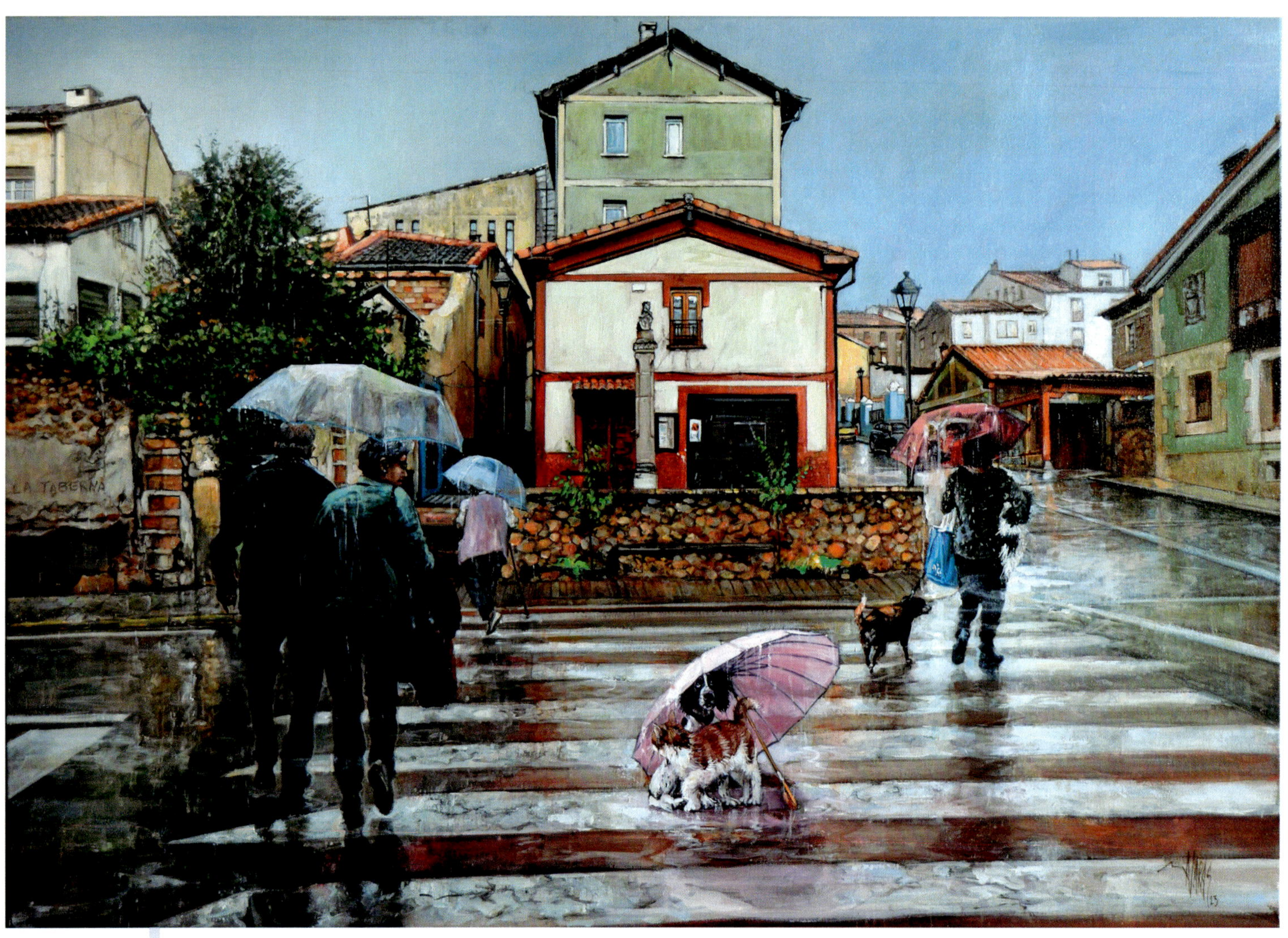

EL PERRO Y EL GATO
Óleo-Lienzo. 116 x 81 cm

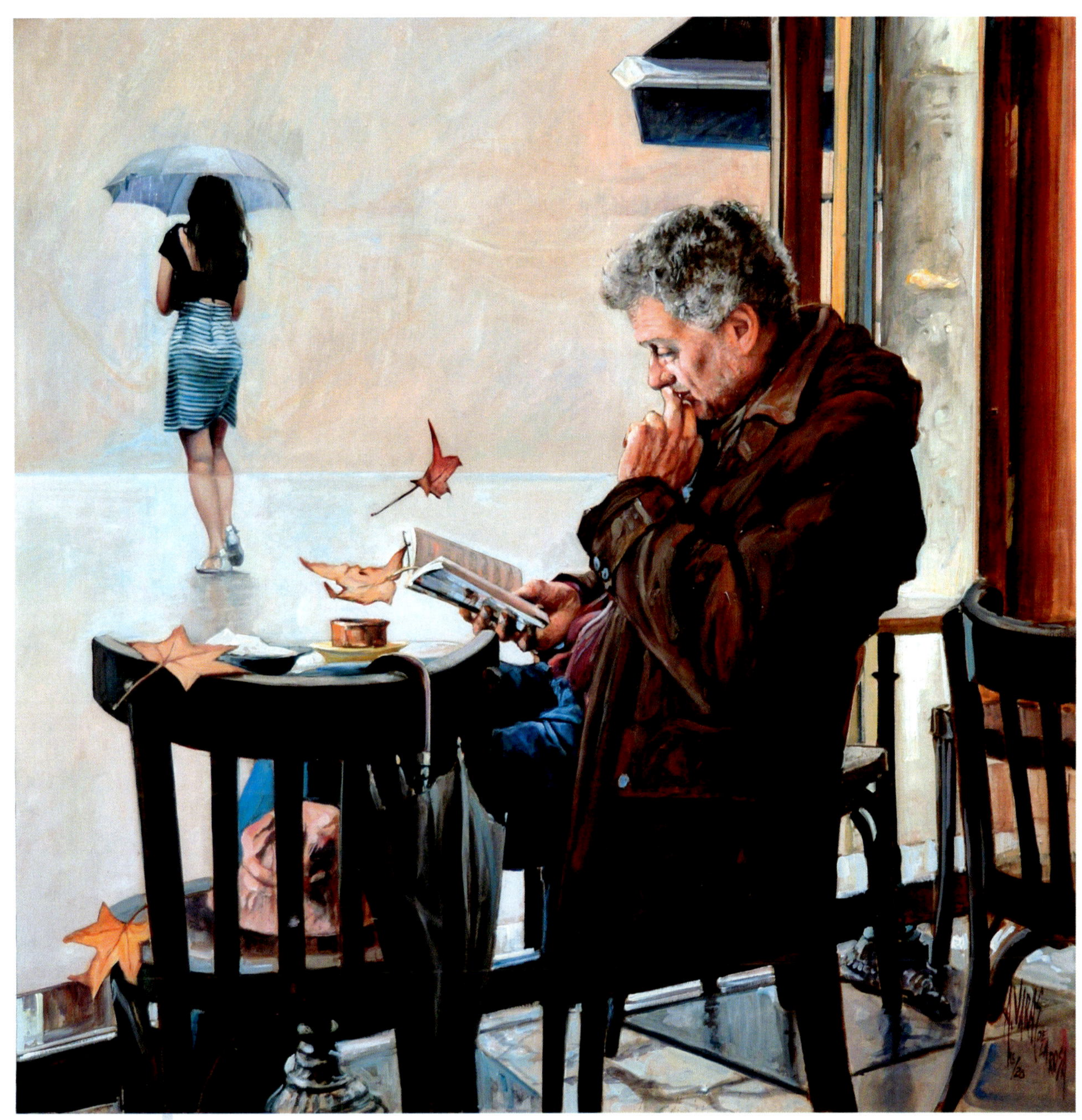

EL SUEÑO DEL LECTOR
Óleo-Tabla. 62 x 62 cm

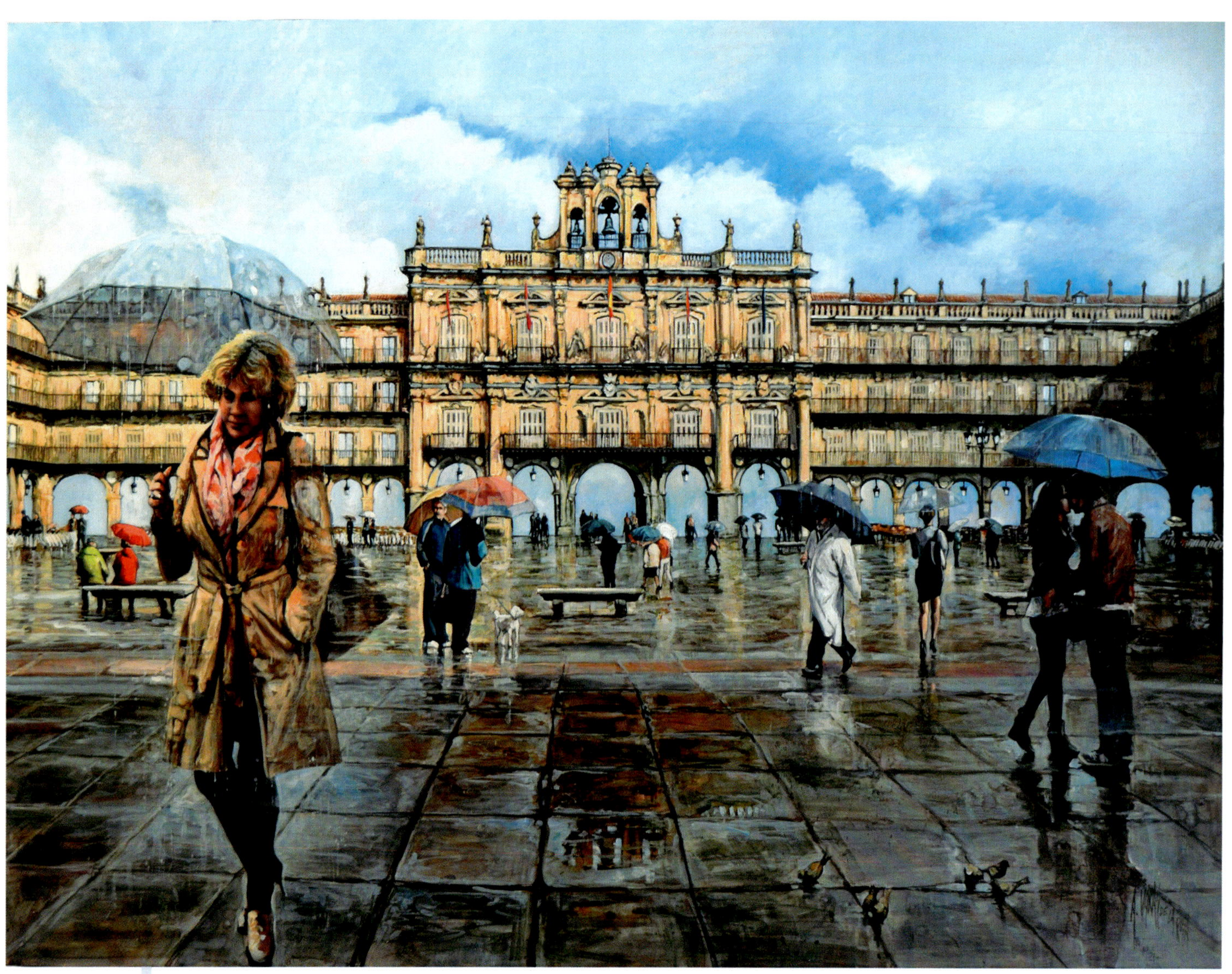

El teatro de la Plaza
Óleo-Tabla. 110 x 81 cm

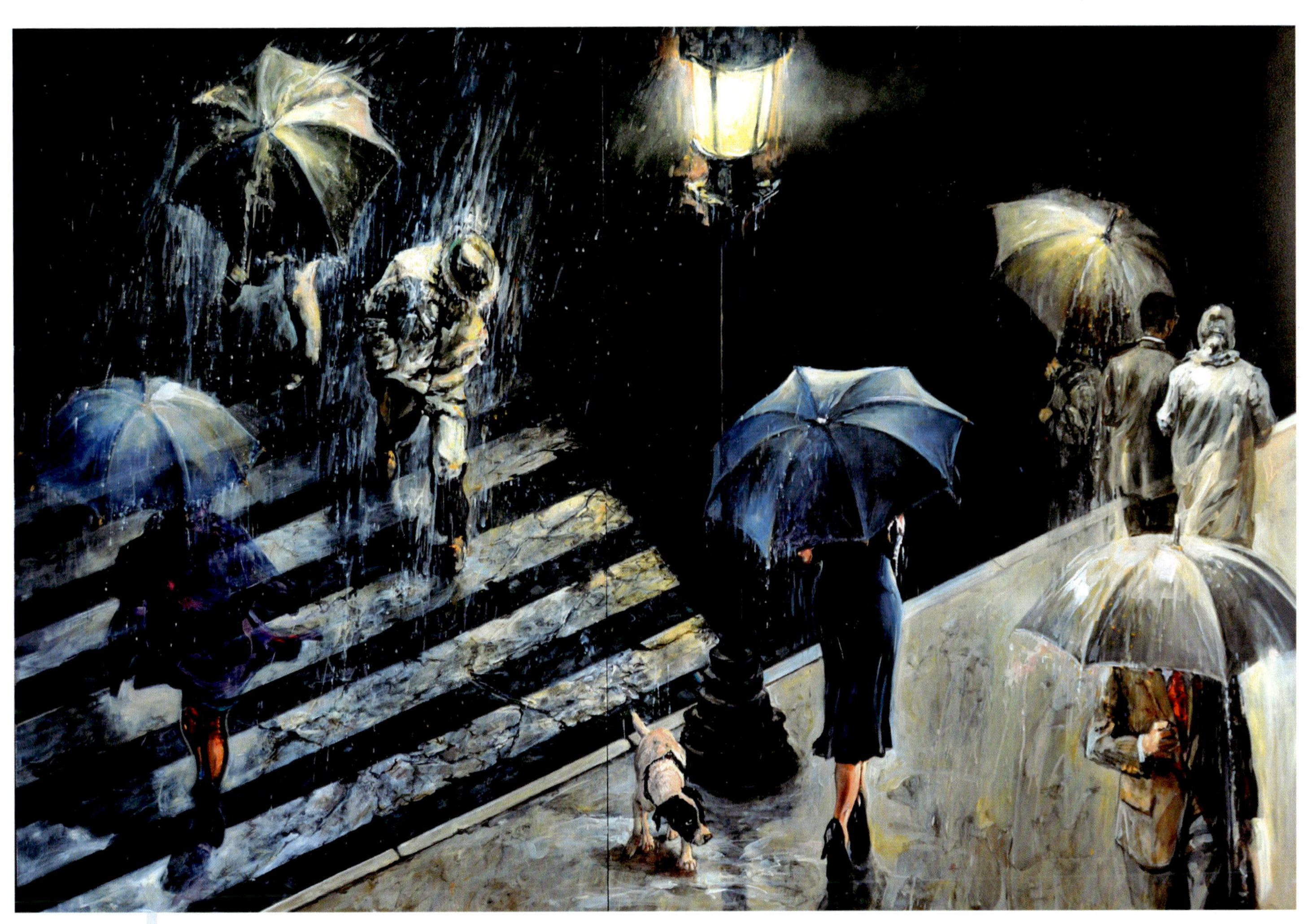

La tempestad y la calma
Óleo-Tabla. 150 x 100 cm

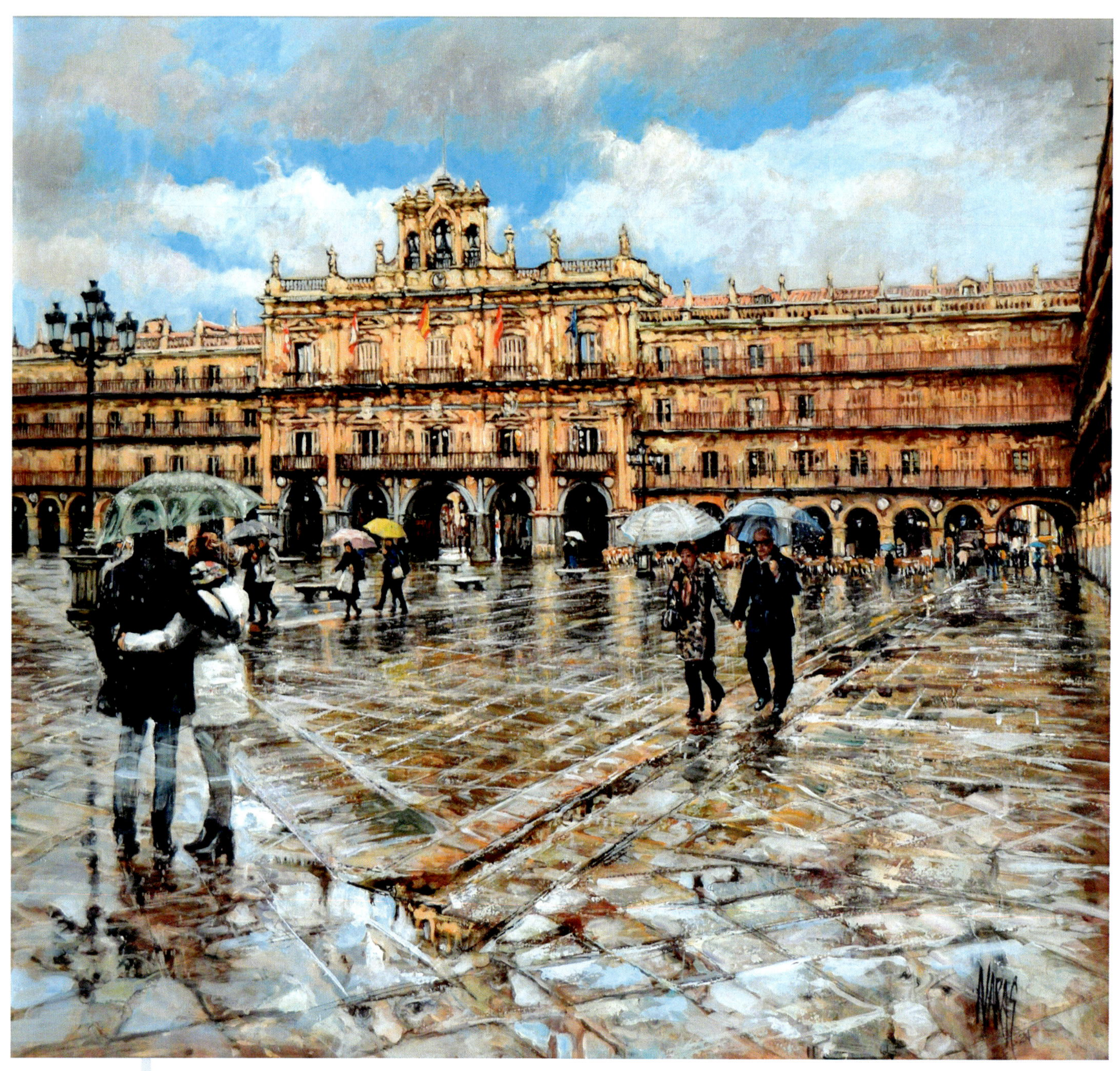

LLUVIA 2024
Óleo-Tabla. 60 x 65 cm

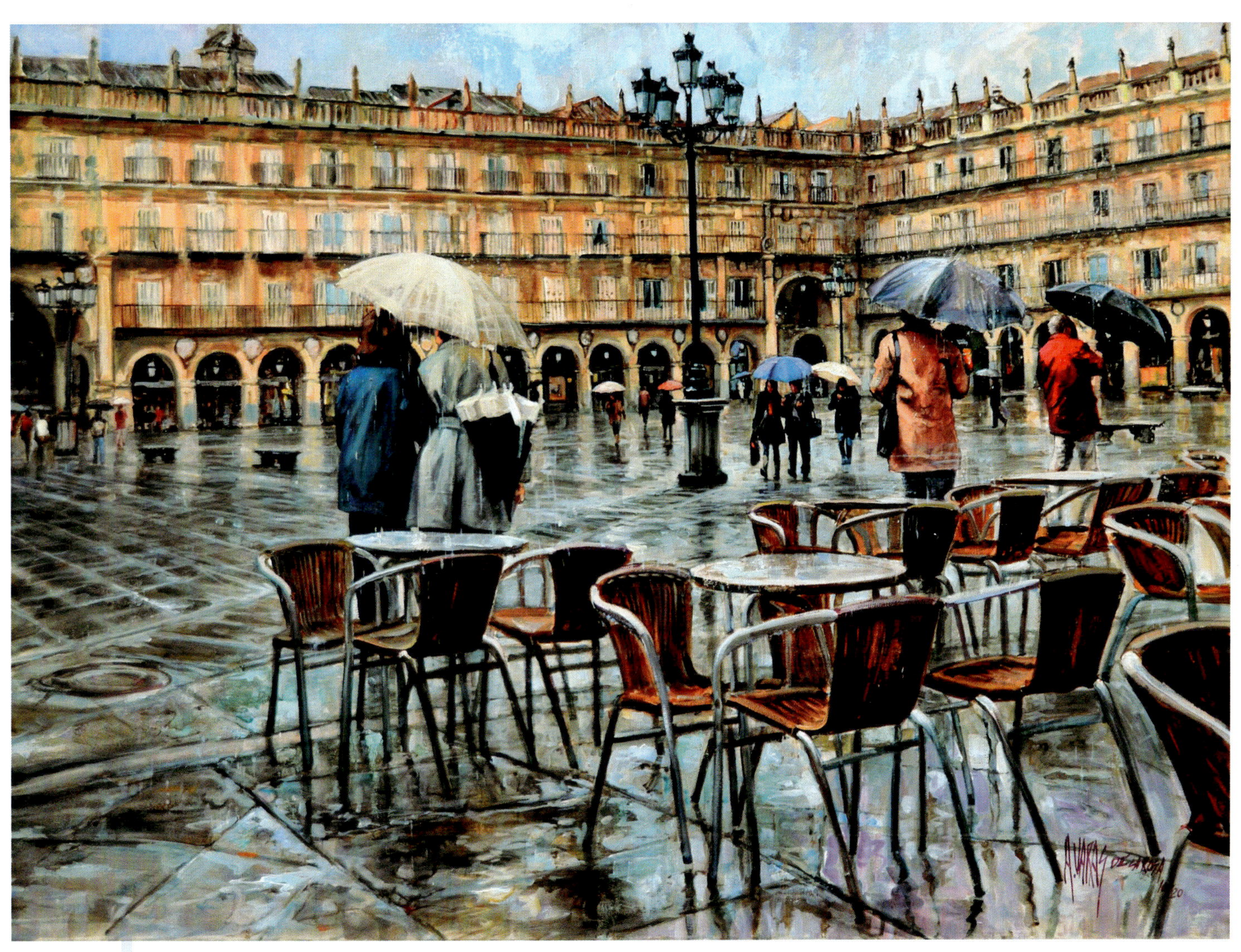

LLUVIA SOBRE LA PLAZA
Óleo-Lienzo. 73 x 100 cm

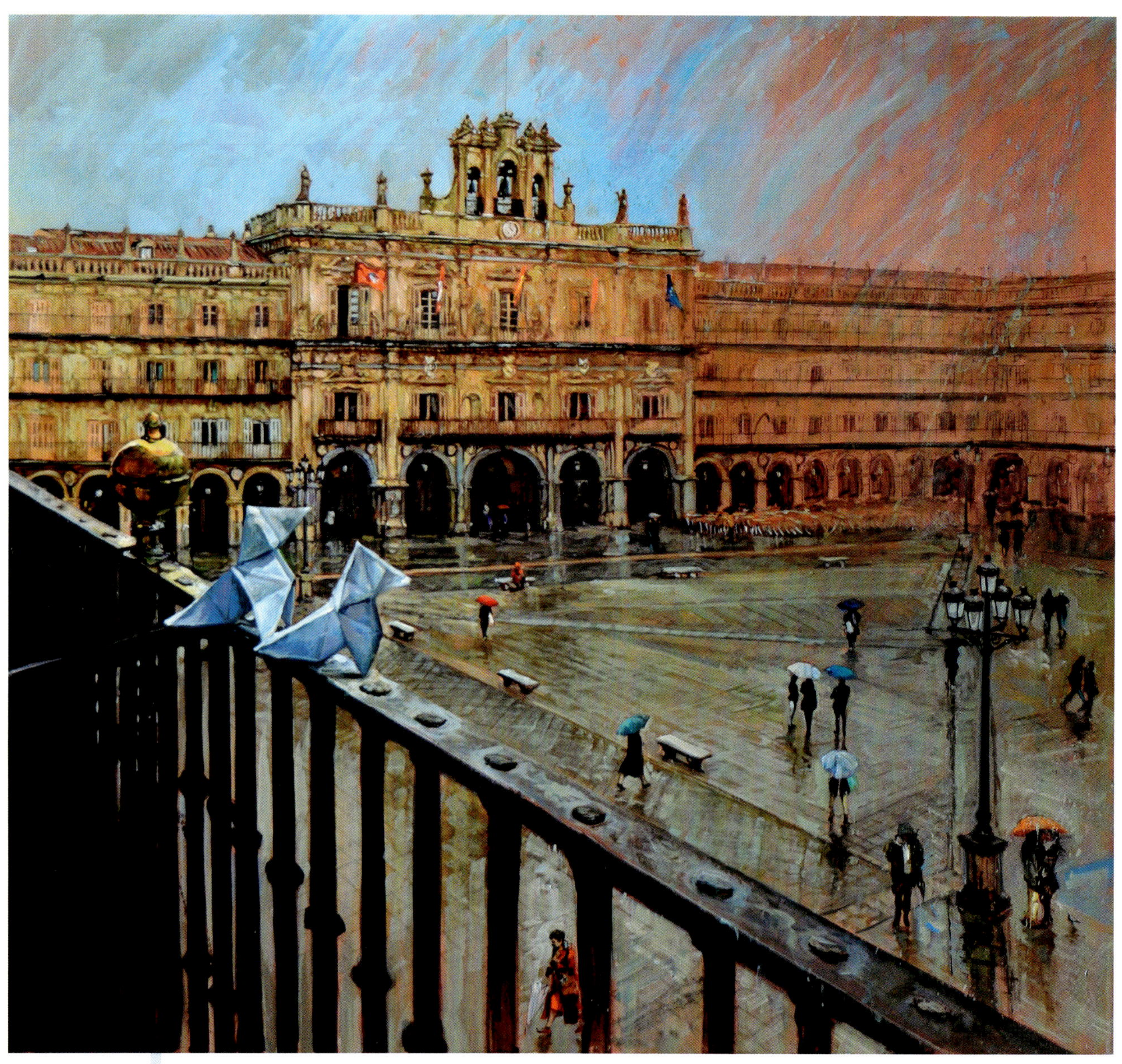

PAJARITAS EN LA PLAZA
Óleo-Tabla. 60,5 x 66,5 cm

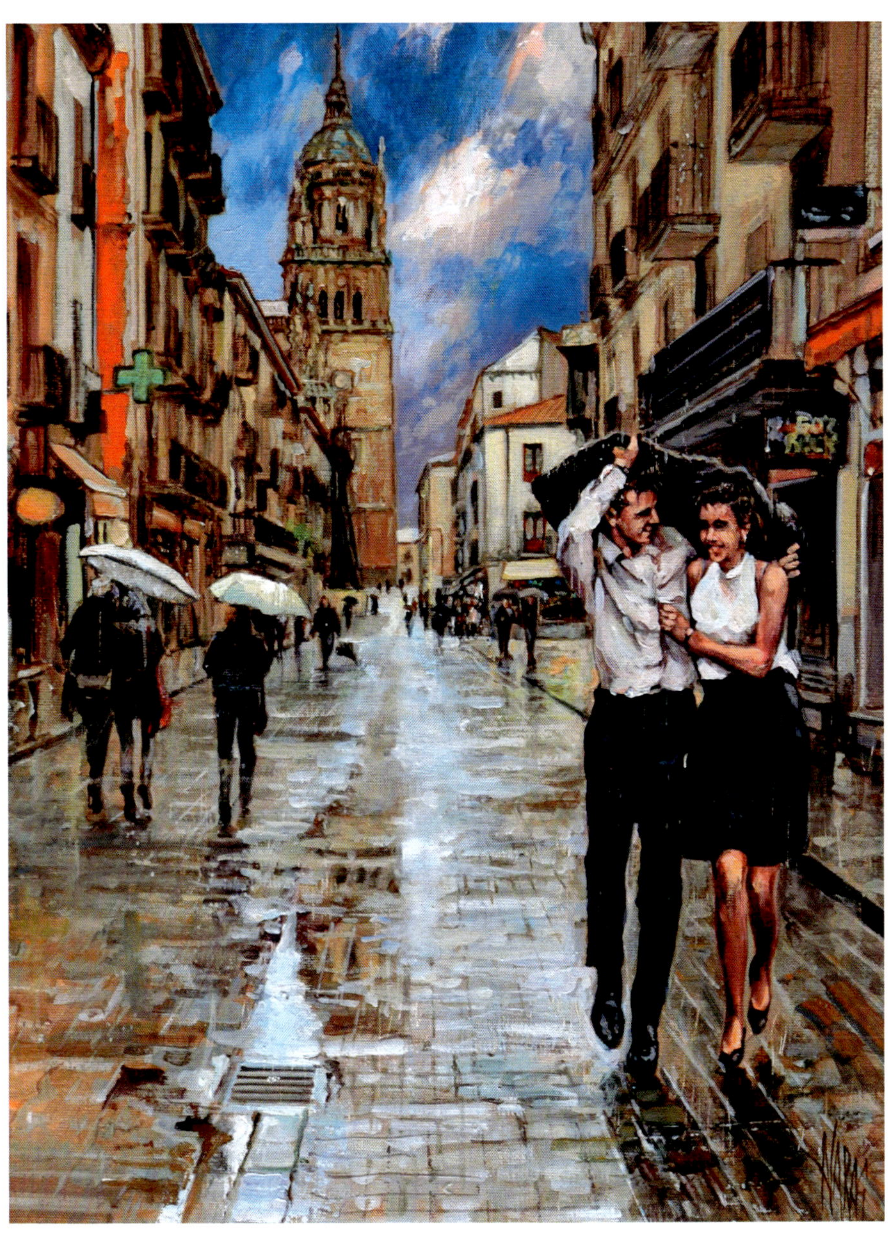

PAREJA POR LA RÚA
Óleo-Lienzo. 35 x 46 cm

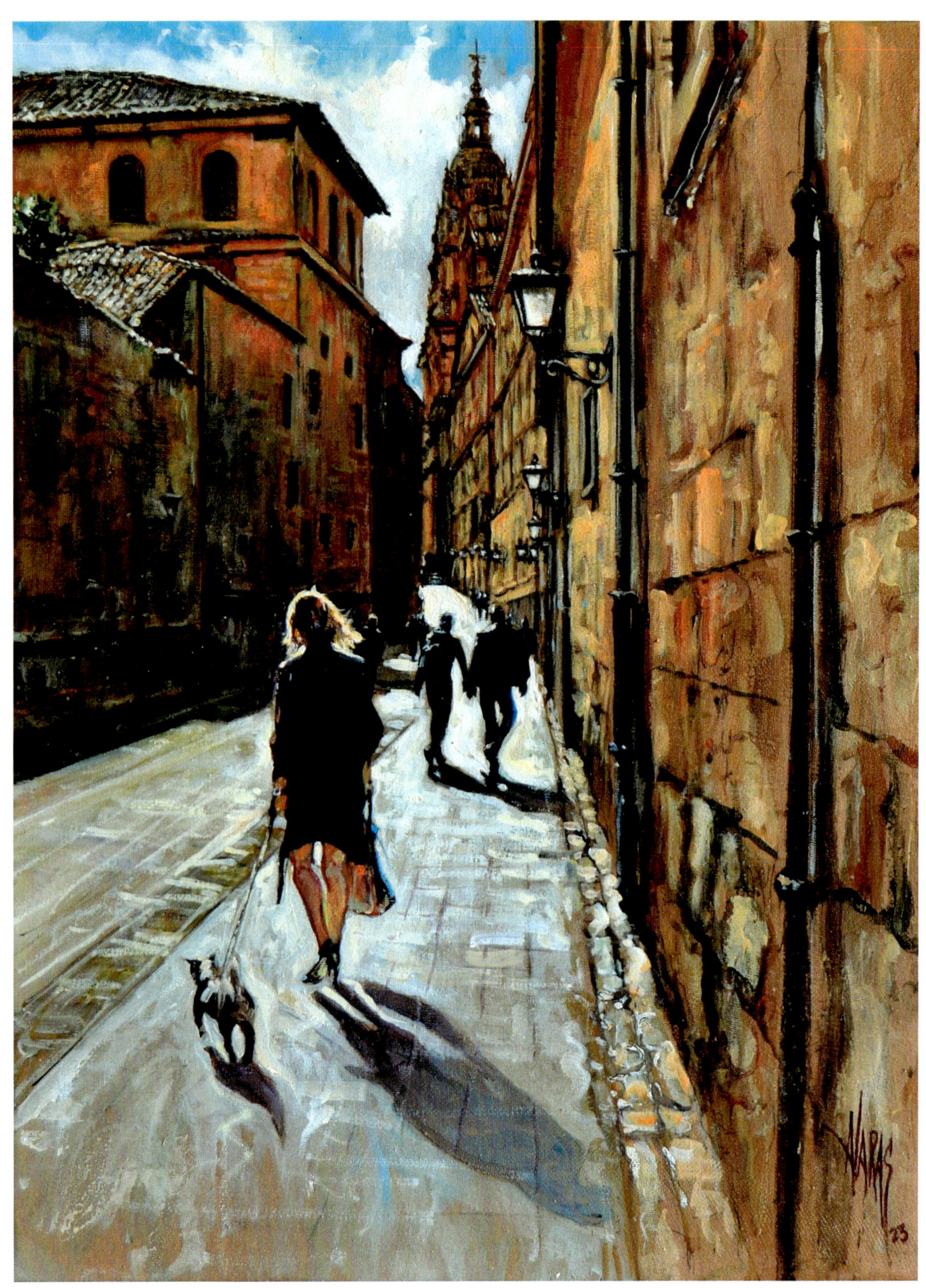

PASEO POR COMPAÑÍA
Óleo-Tabla. 46 x 35 cm

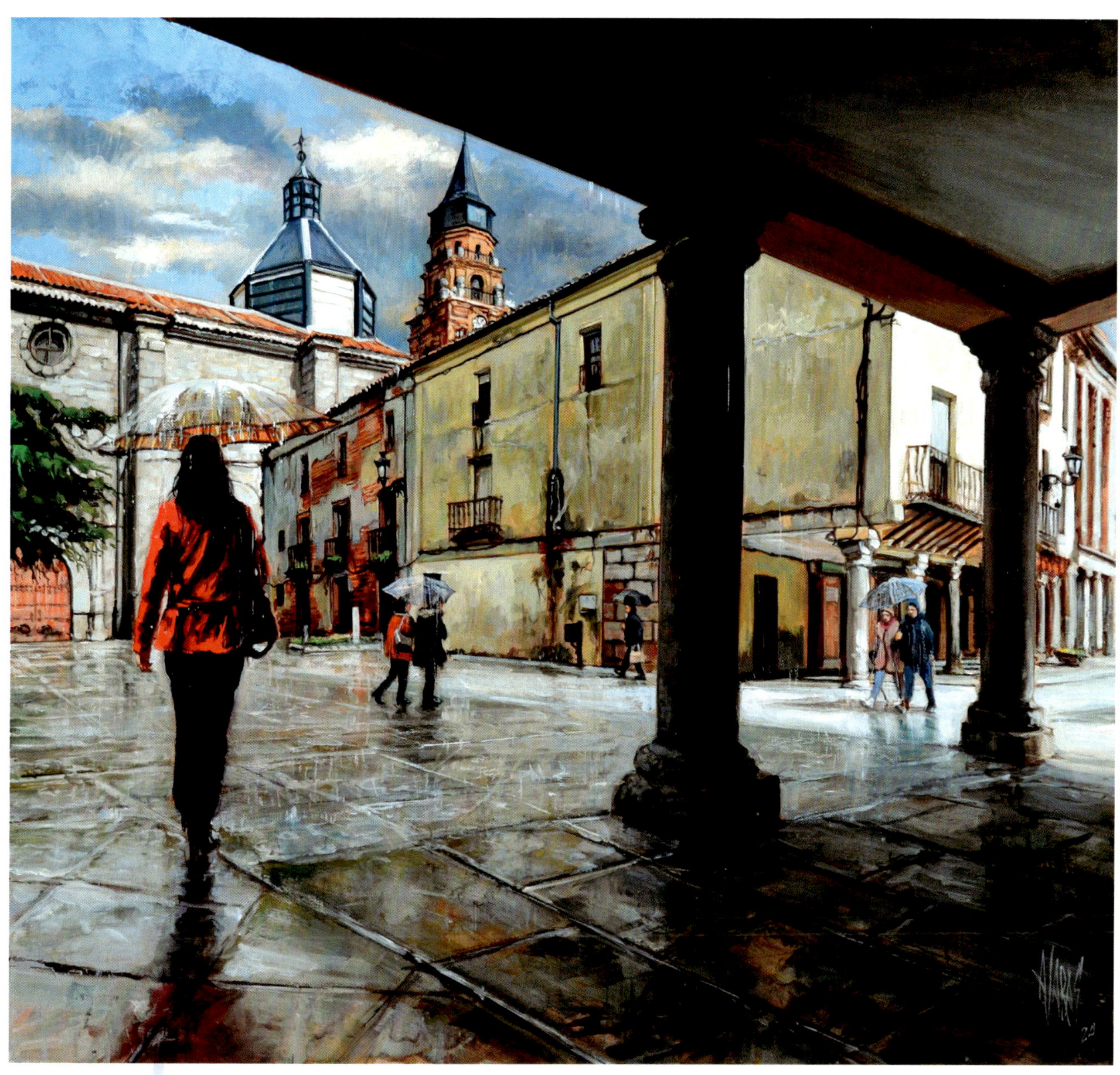

Soportales de la Plaza de Peñaranda
Óleo-Tabla. 59,5 x 55 cm

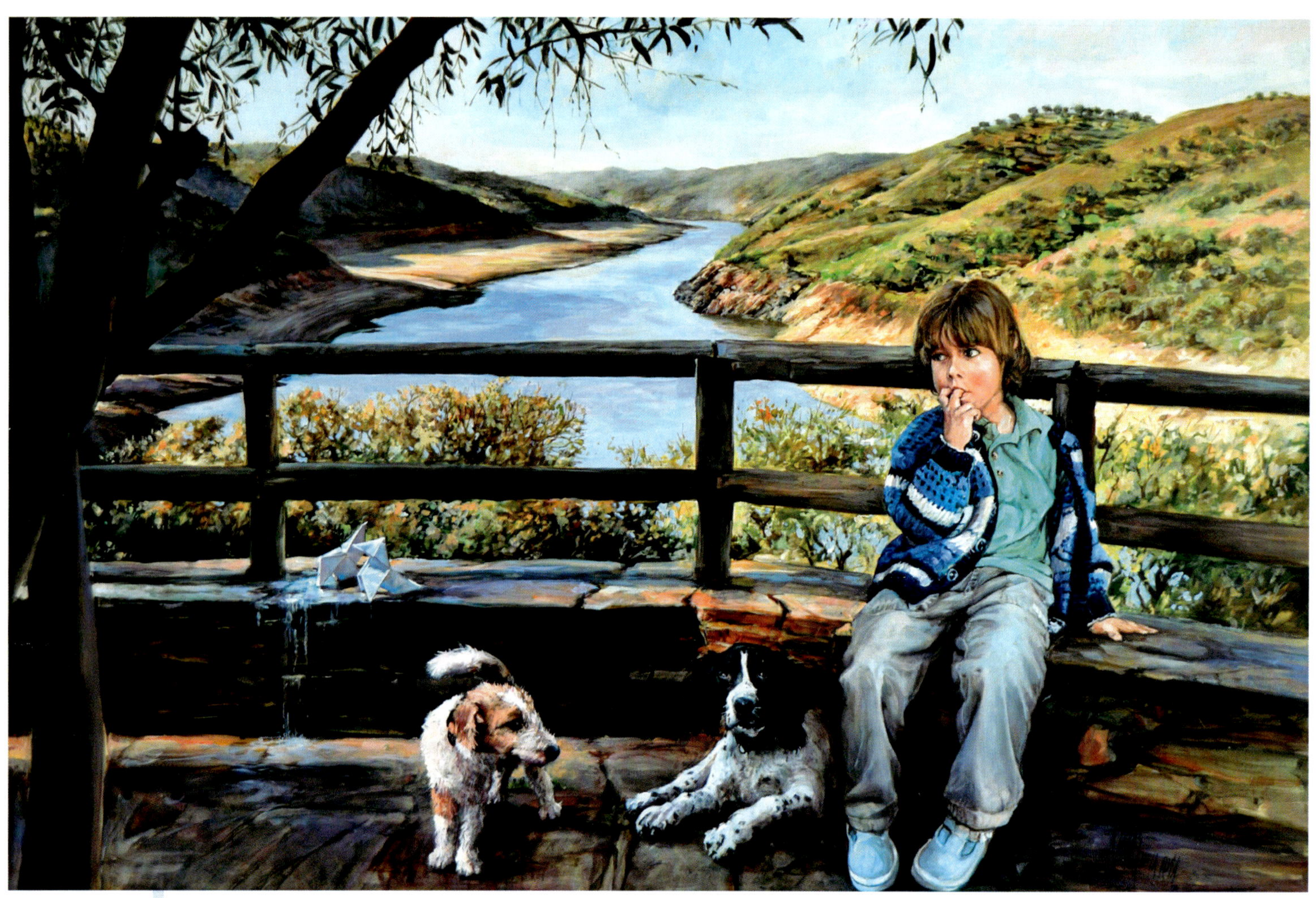

INOCENCIA Y NATURALEZA
Óleo-Tabla. 82 x 120 cm

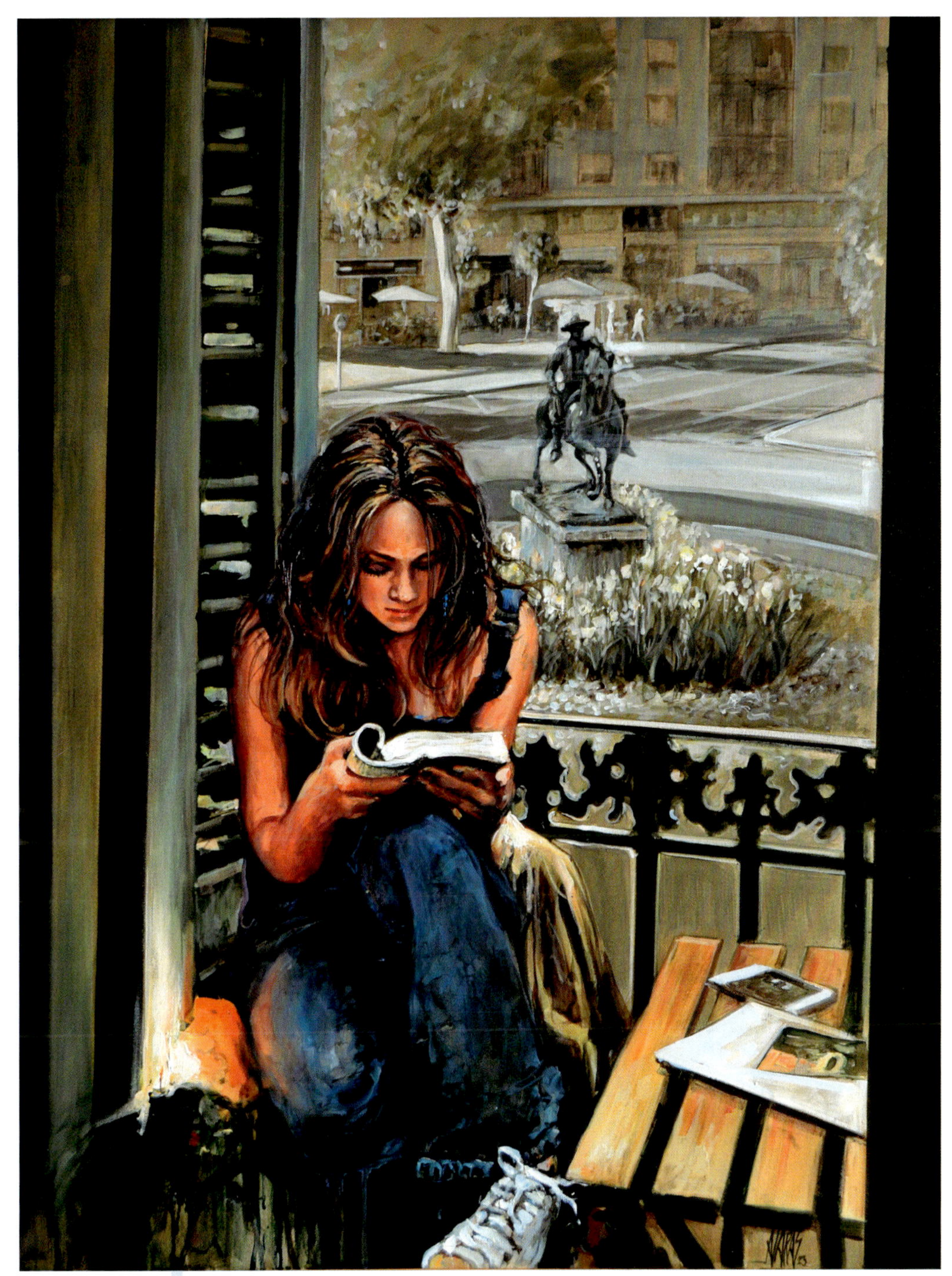

Lectura en la ventana
Óleo-Lienzo. 102 x 76 cm

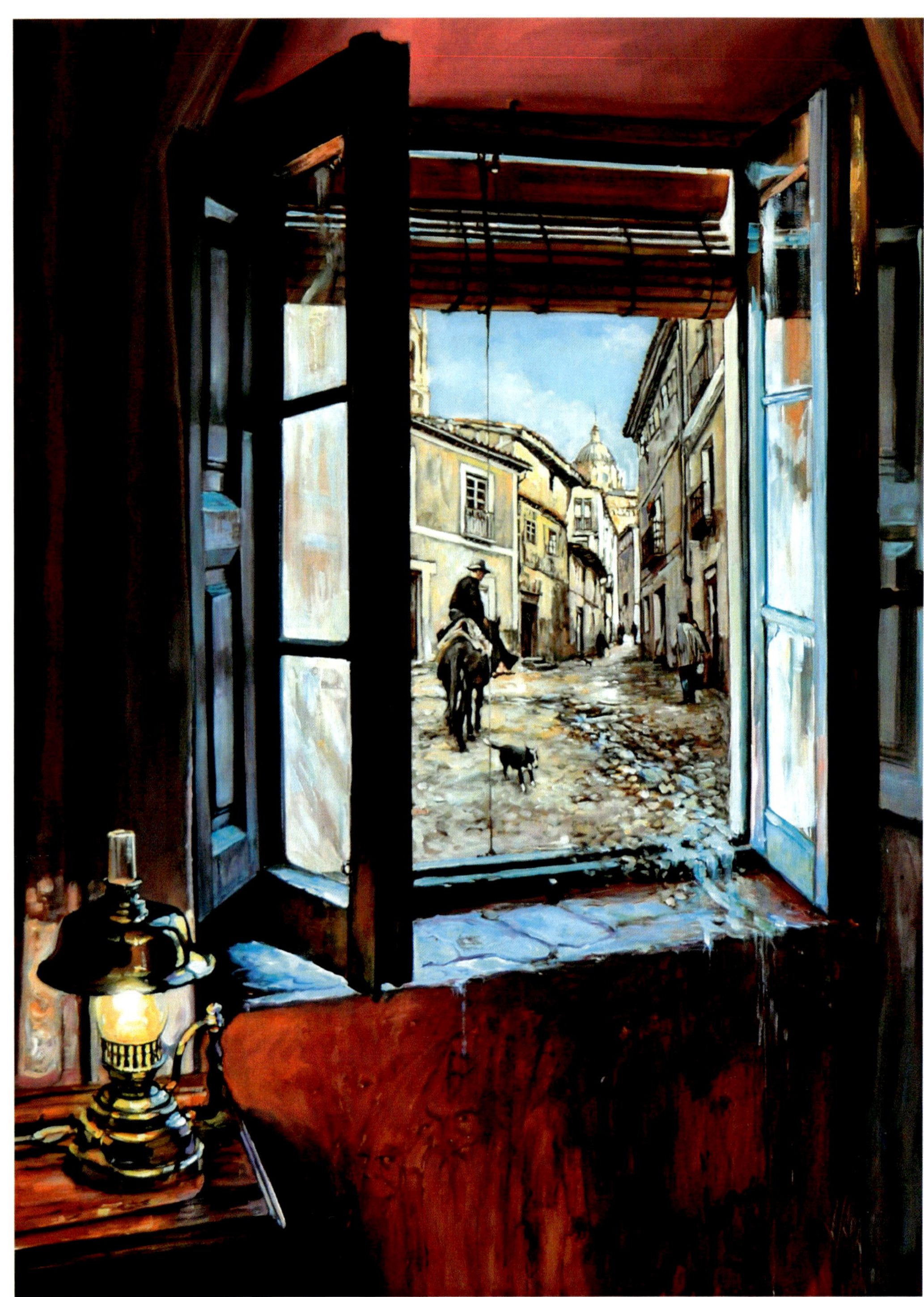

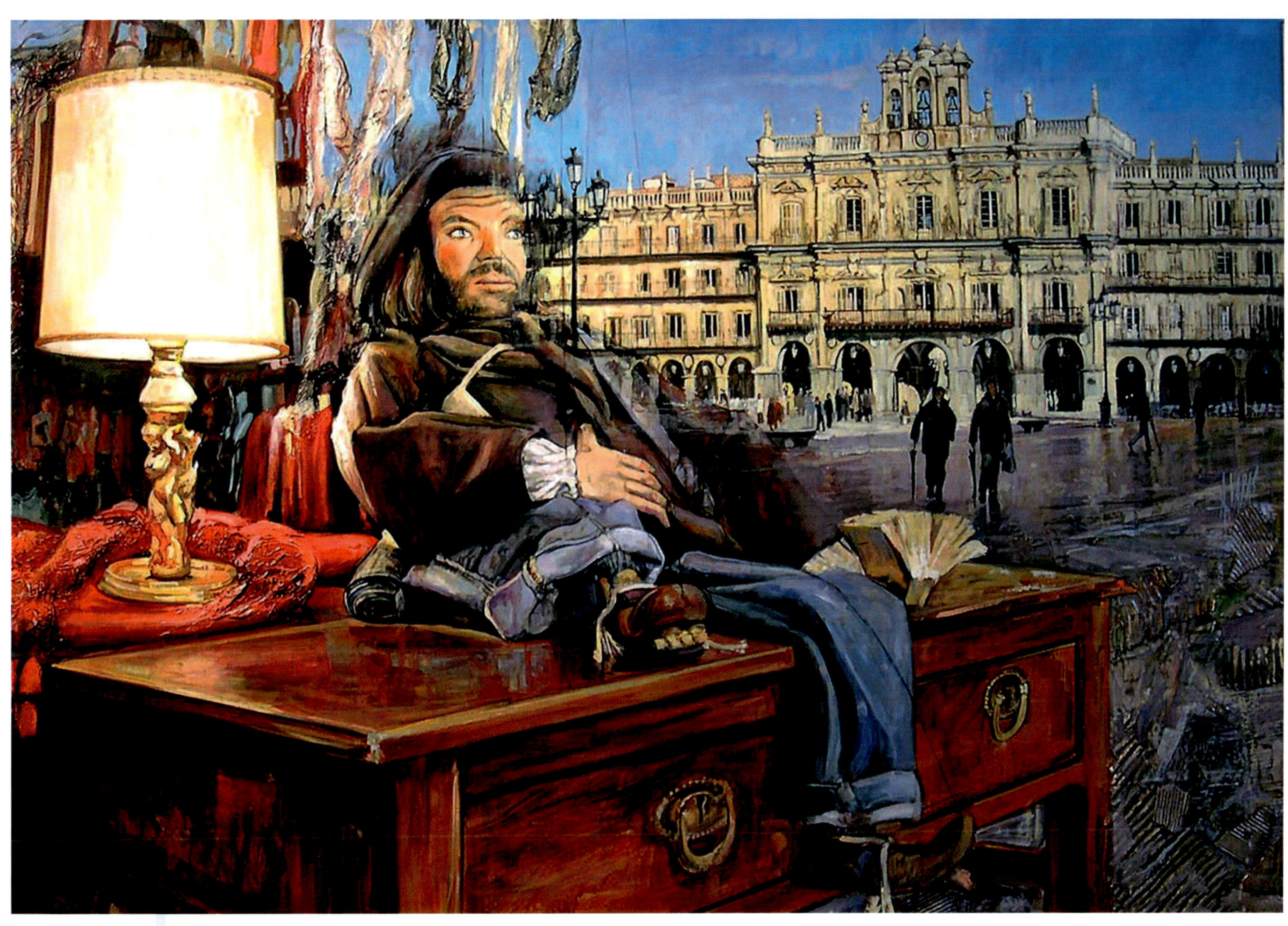

MARIONETA EN LA PLAZA
Óleo-Lienzo. 88 x 144 cm

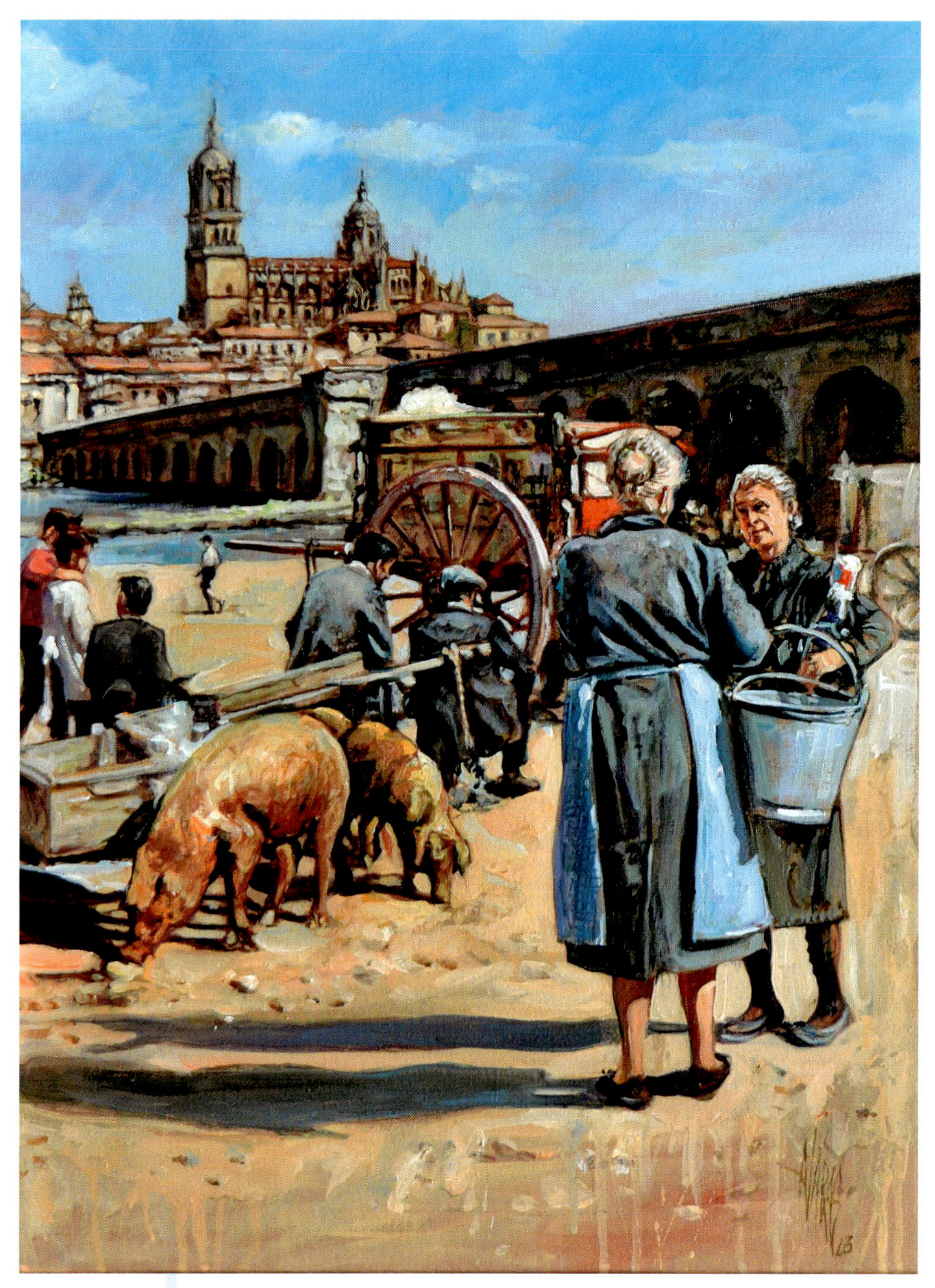

MERCADO EN EL PUENTE
Óleo-Lienzo. 46 x 35 cm

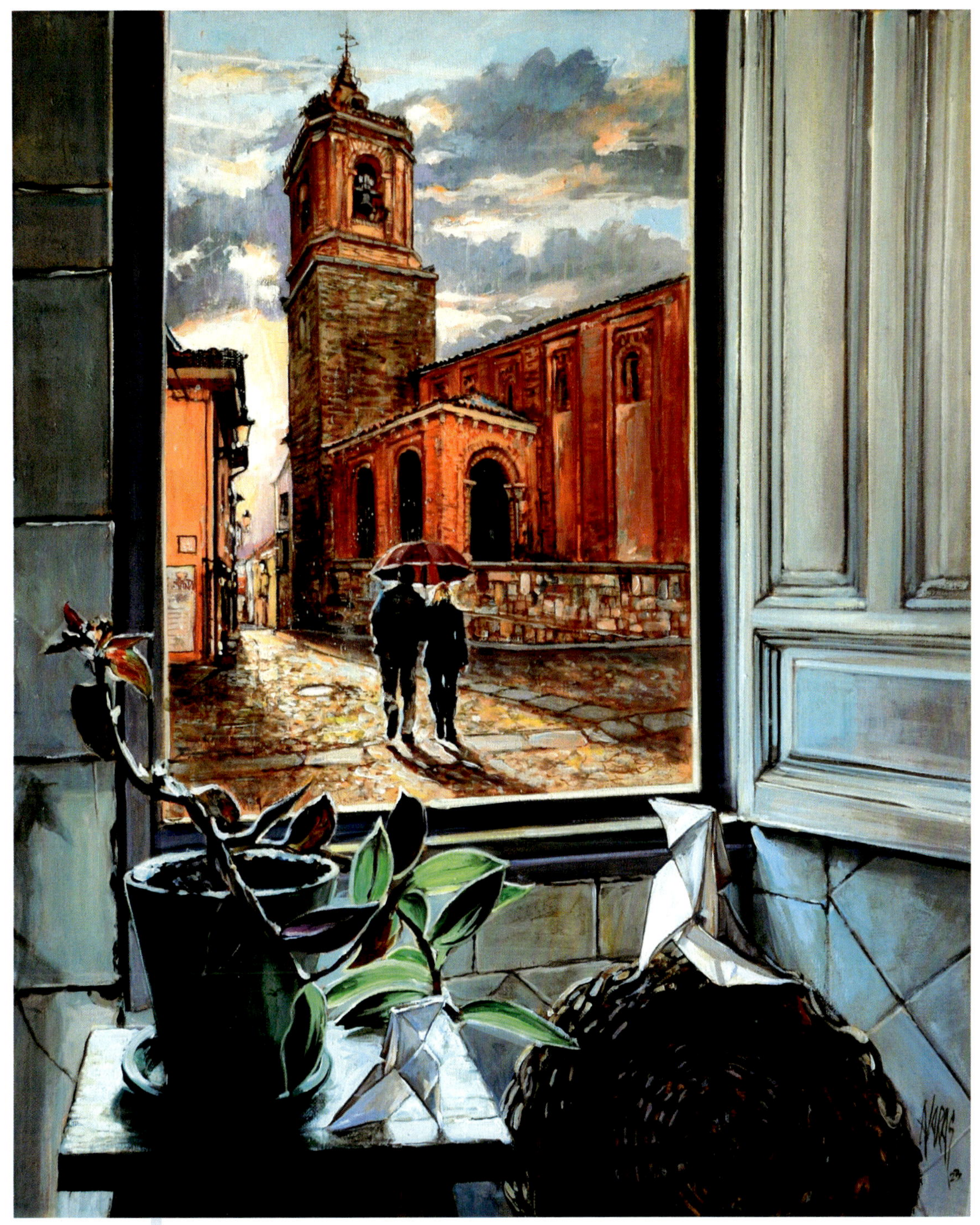

OTOÑO EN ALBA DE TORMES
Óleo-Lienzo. 61 x 50 cm

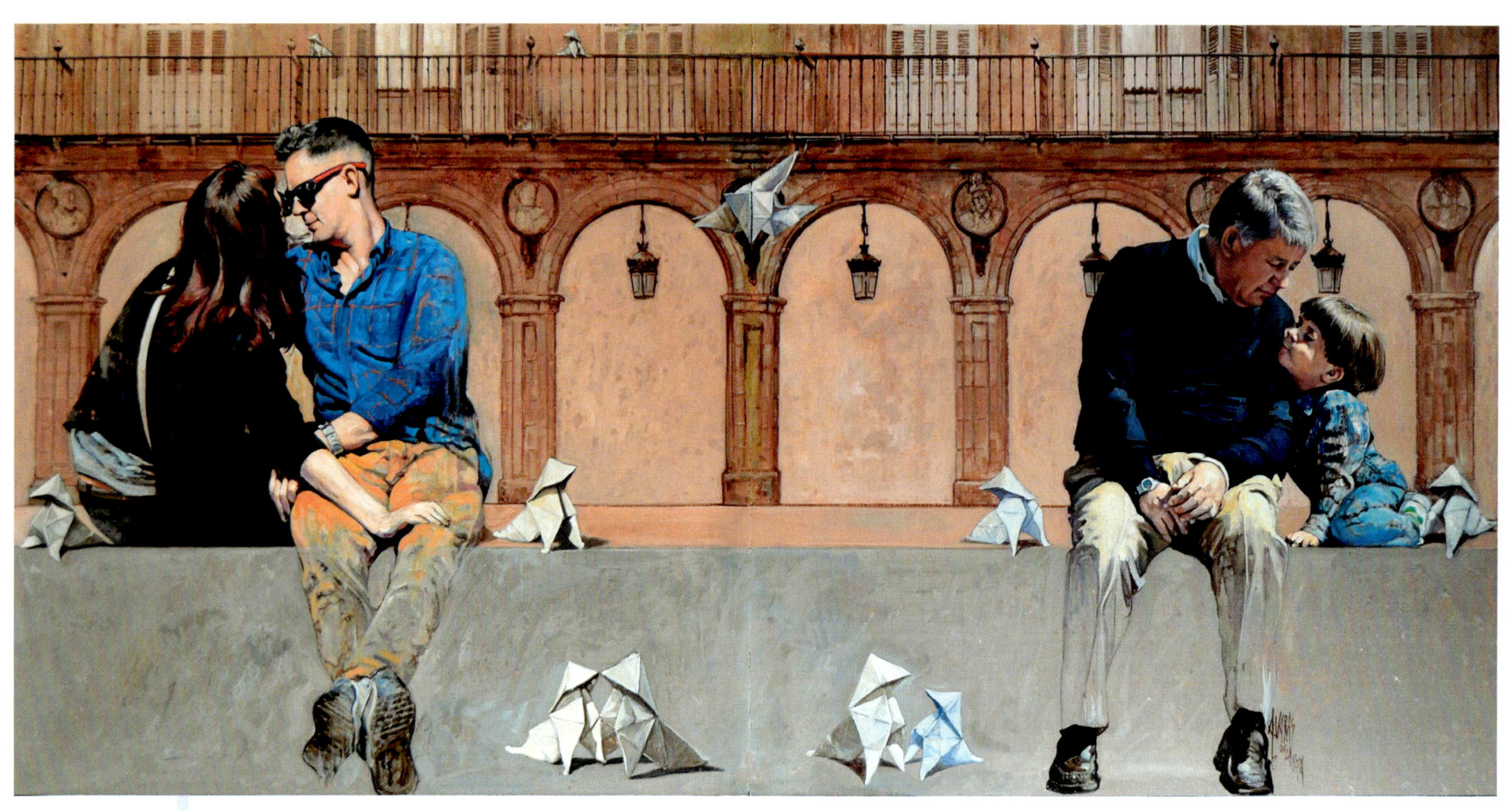

PAREJAS CON PAJARITAS
Óleo-Tabla. 62 x 124 cm

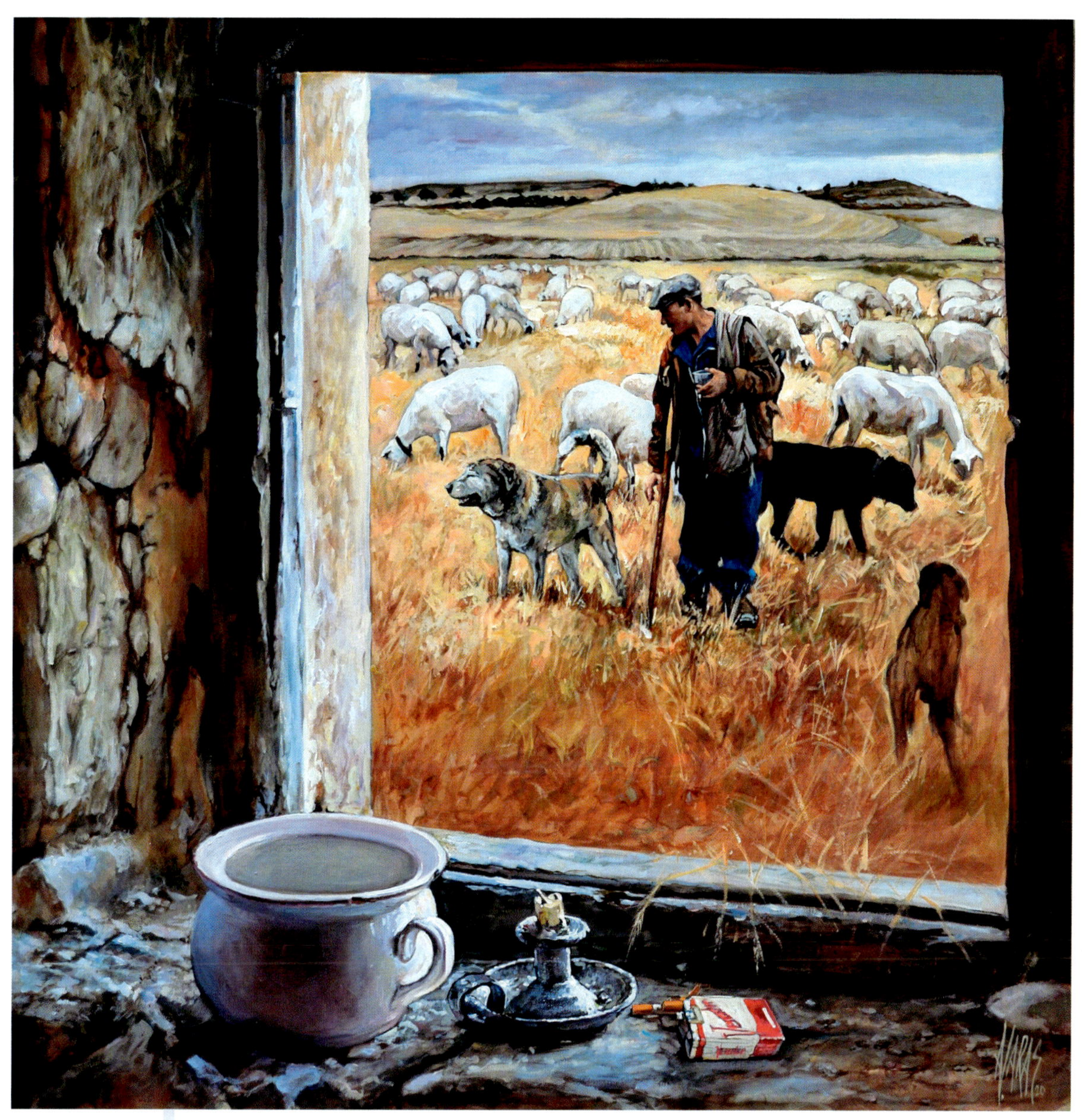

PASTOR DESDE LA VENTANA
Óleo-Tabla. 63 x 63 cm

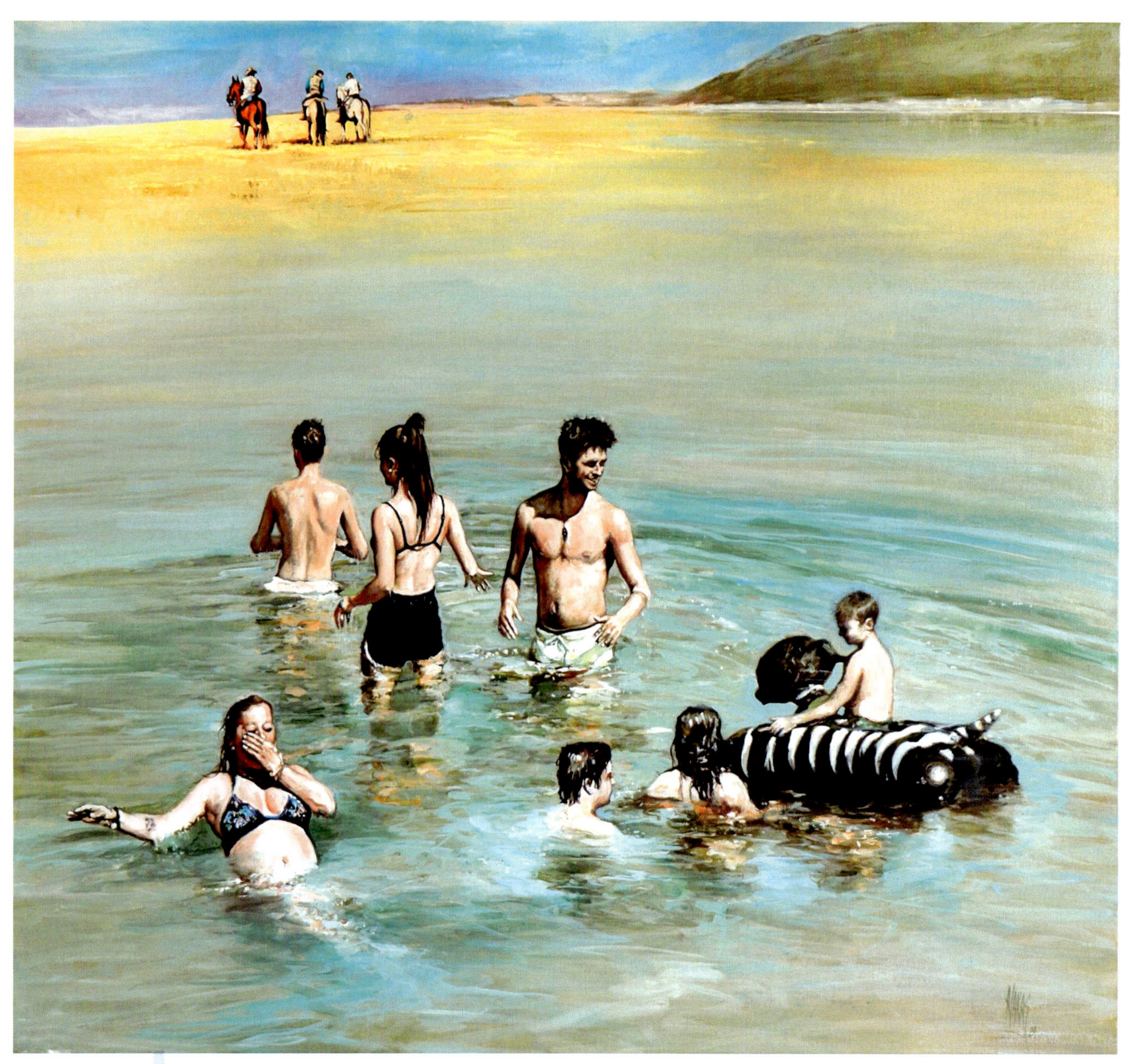

Somos agua y tierra
Óleo-Lienzo. 100 x 114 cm

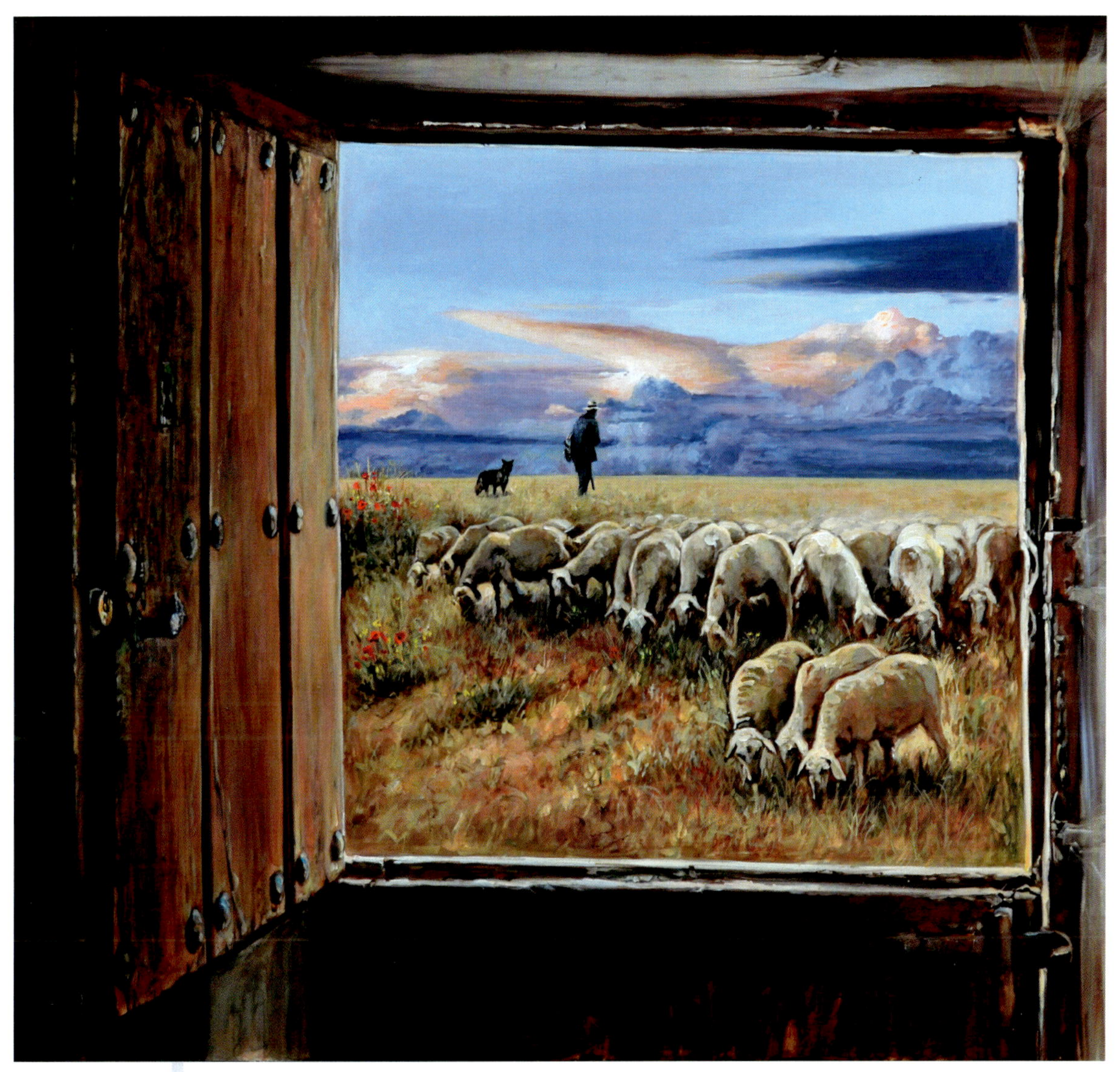

RECOGIENDO EL REBAÑO
Óleo-Tabla. 66 x 61 cm

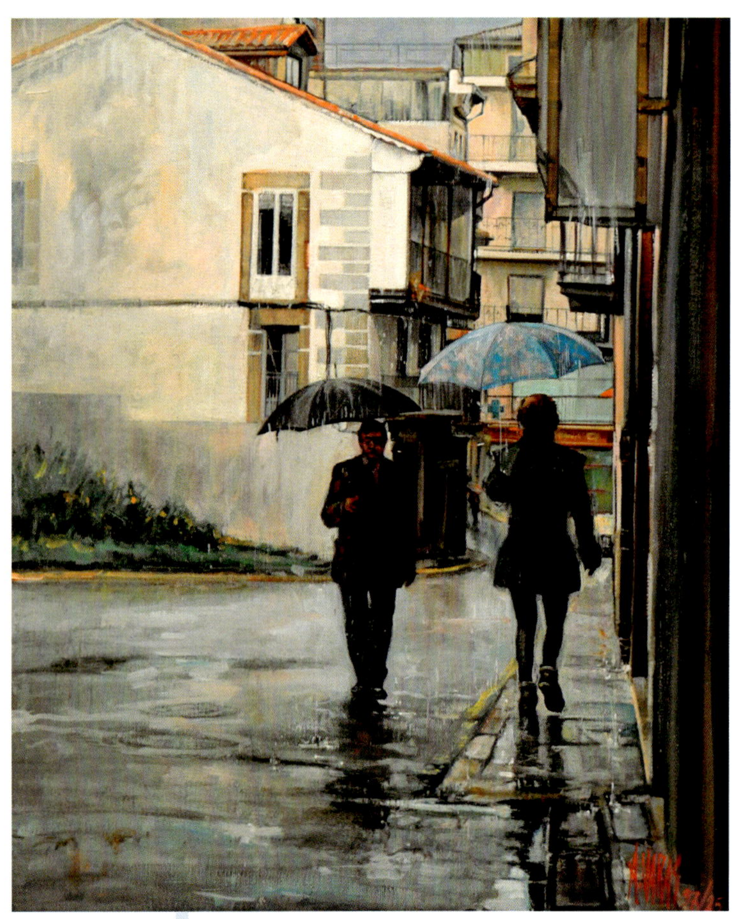

BÉJAR. AÑOS 90
Óleo-Lienzo. 46 x 38 cm

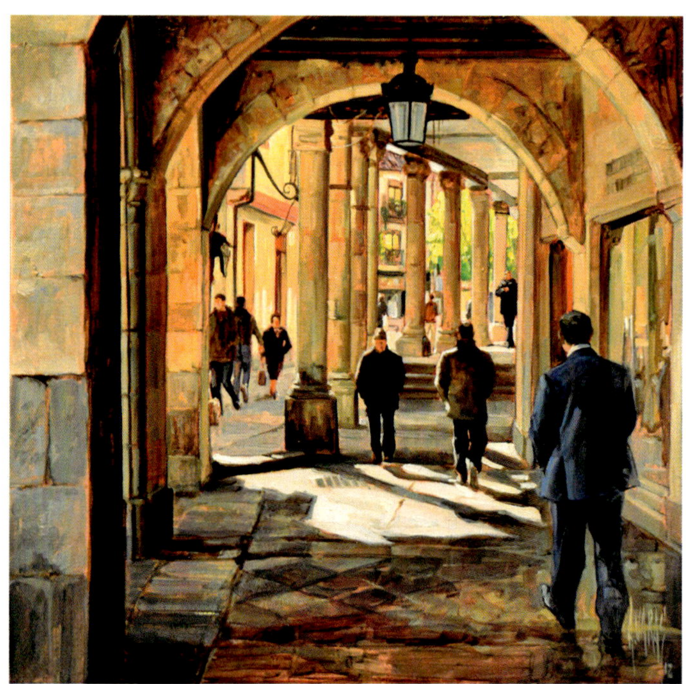

PLAZA-ENTRADA DEL CORRILLO
Óleo-Tabla. 27 x 27 cm

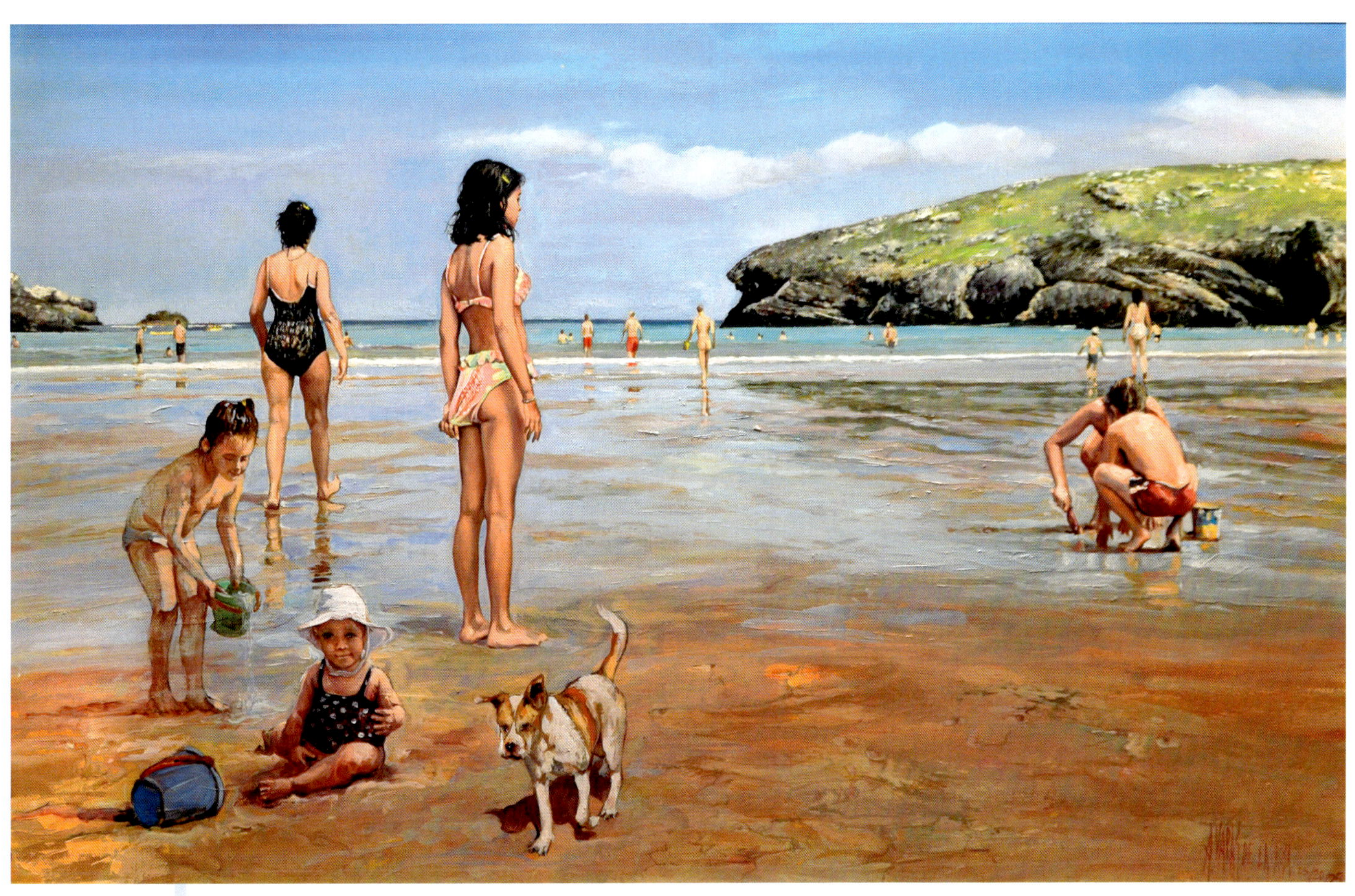

Castellanos en el Cantábrico
Óleo-Tabla. 63 x 100 cm

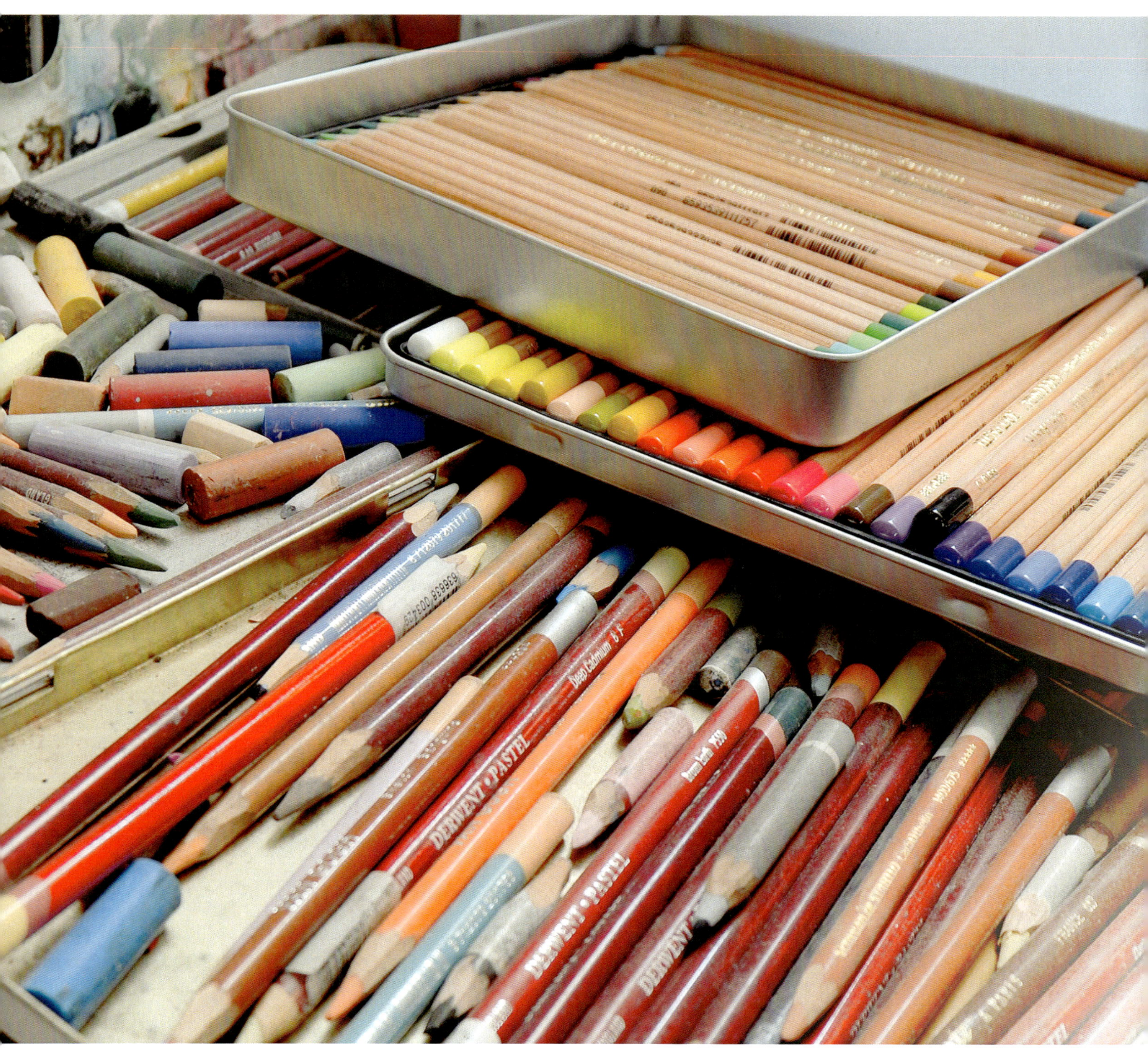

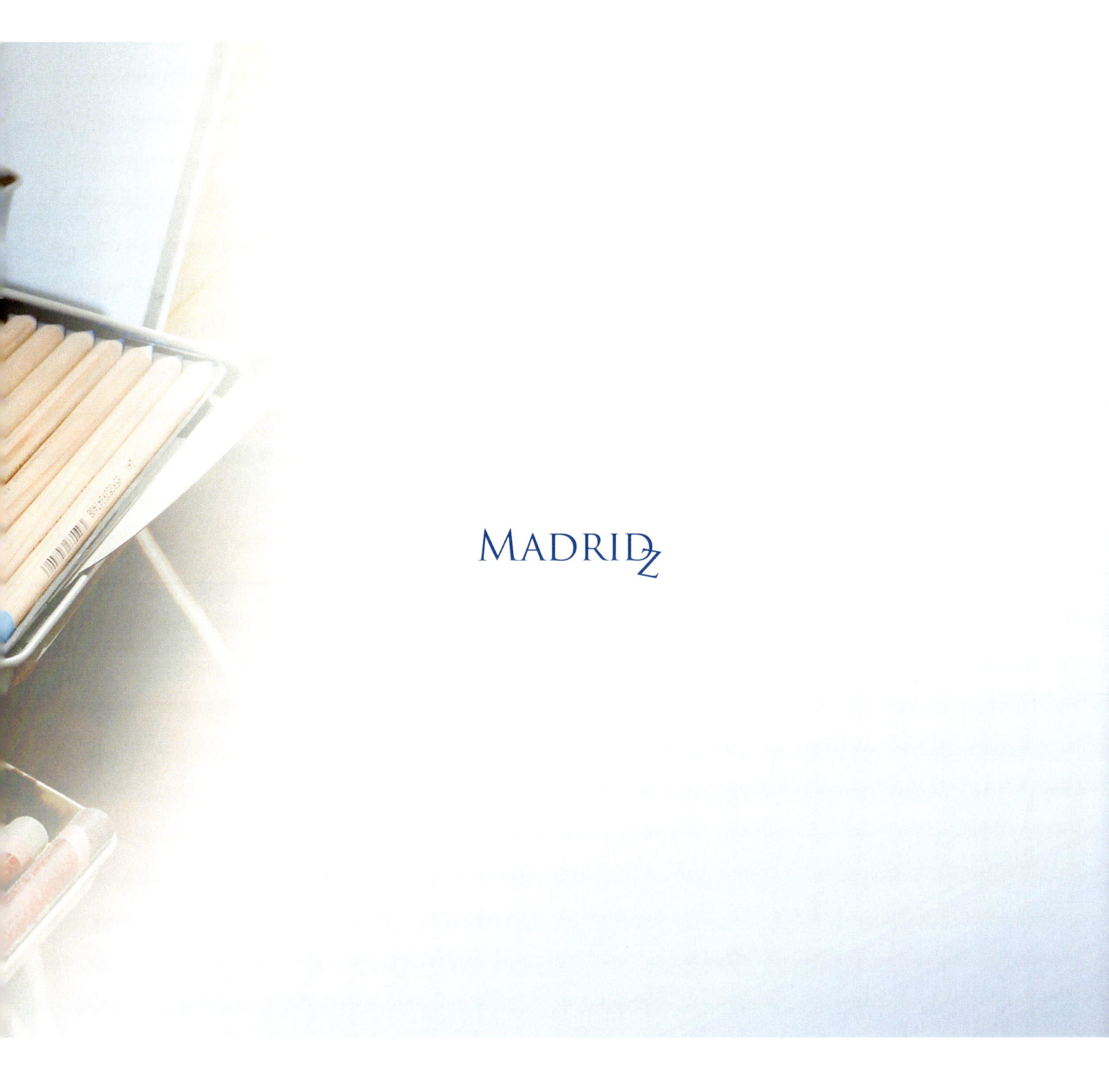

MADRID

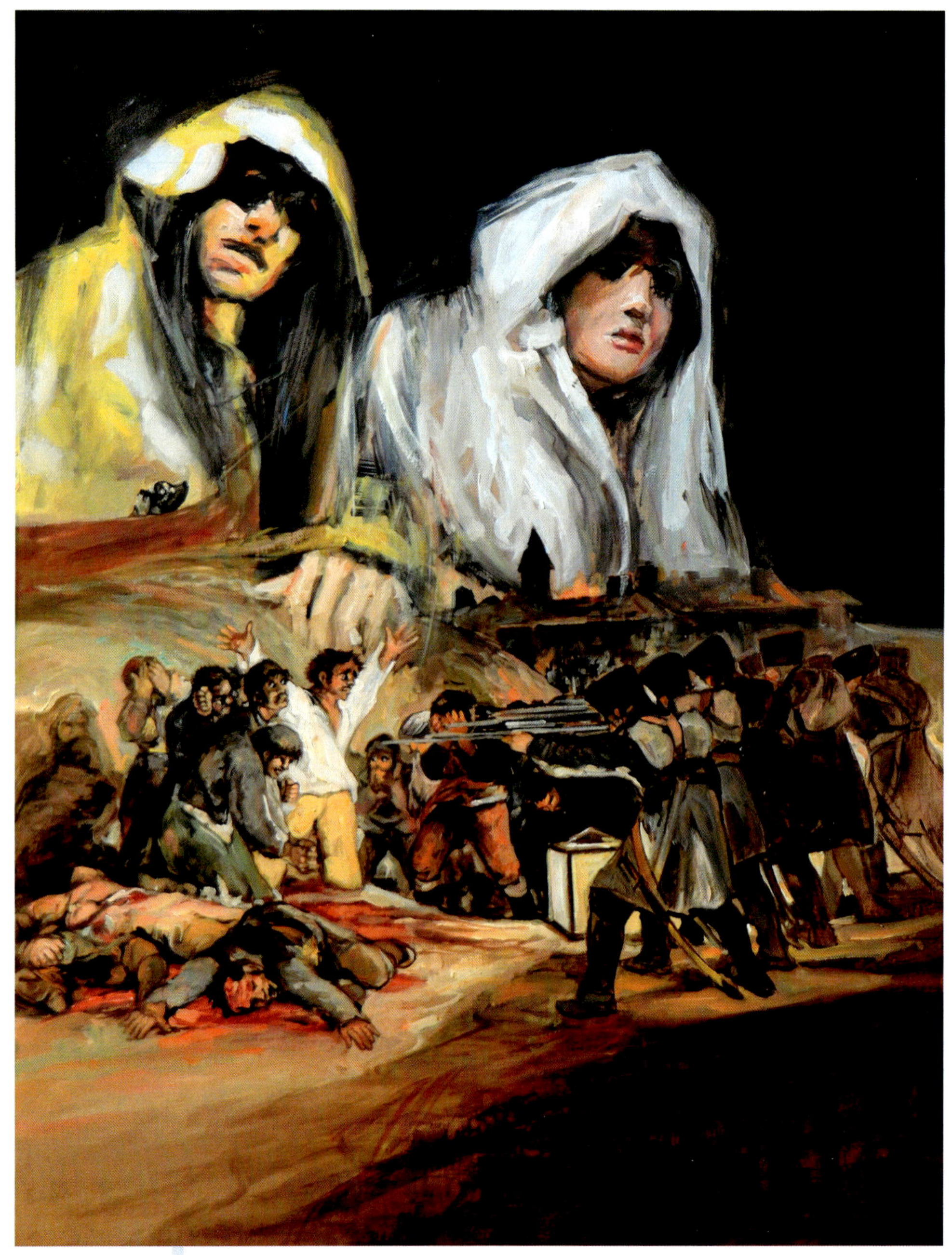

2 DE MAYO. GOYA. (FANTASÍA)
Óleo-Tabla. 45 x 35 cm

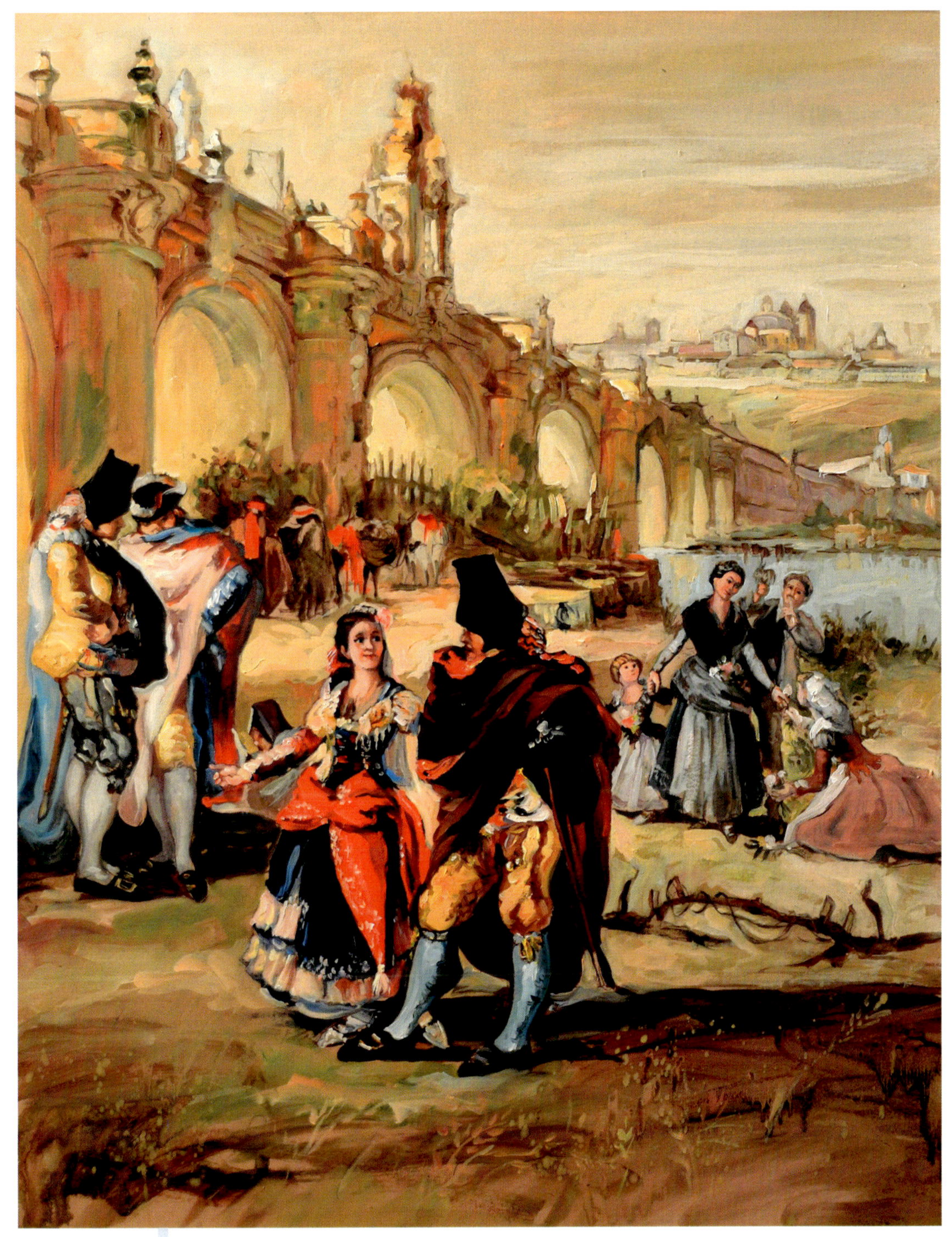

PUENTE S. ISIDRO. GOYA. (FANTASÍA)
Óleo-Tabla. 45 x 35 cm

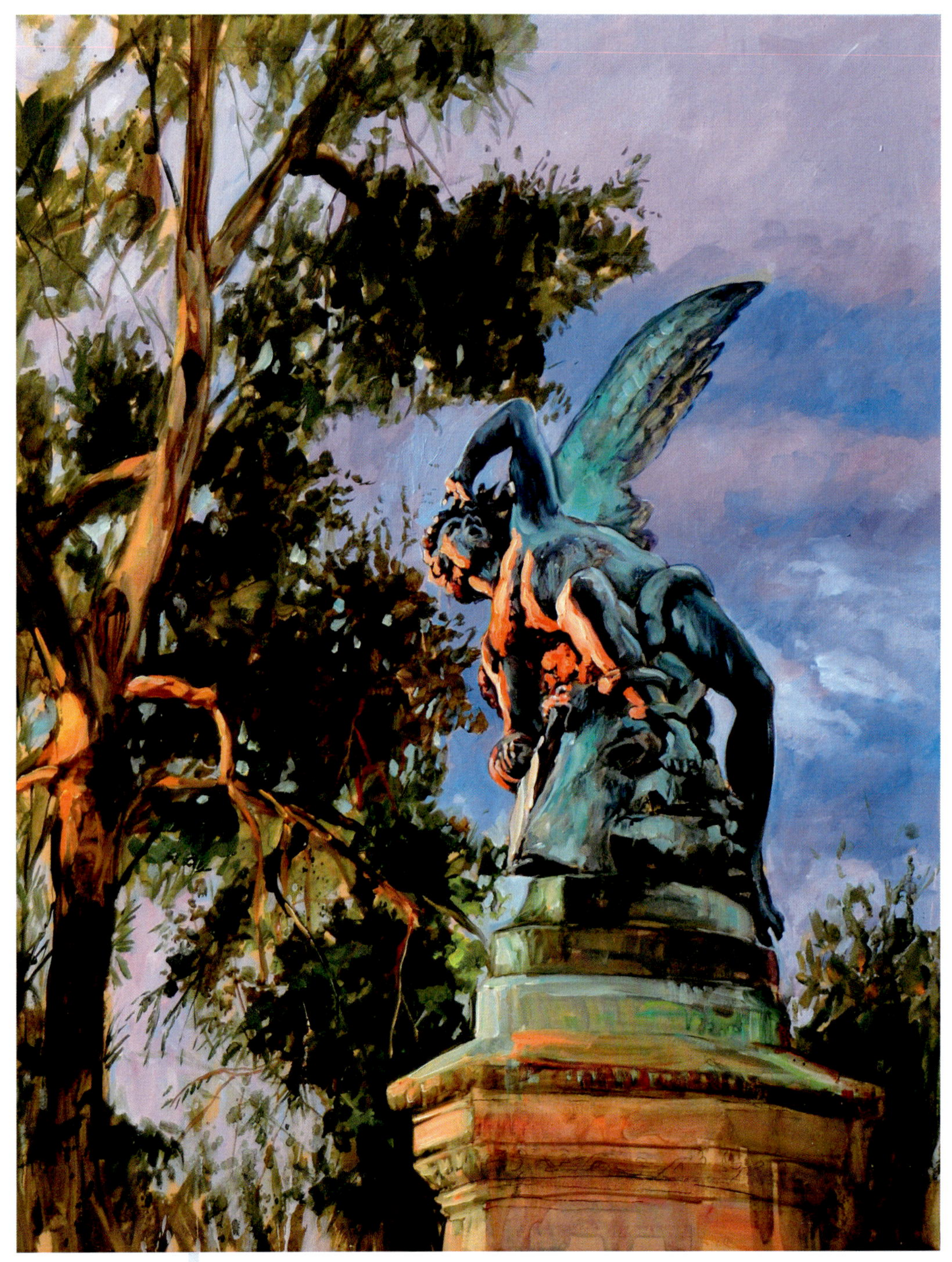

ÁNGEL CAÍDO
Óleo-Tabla. 45 x 35 cm

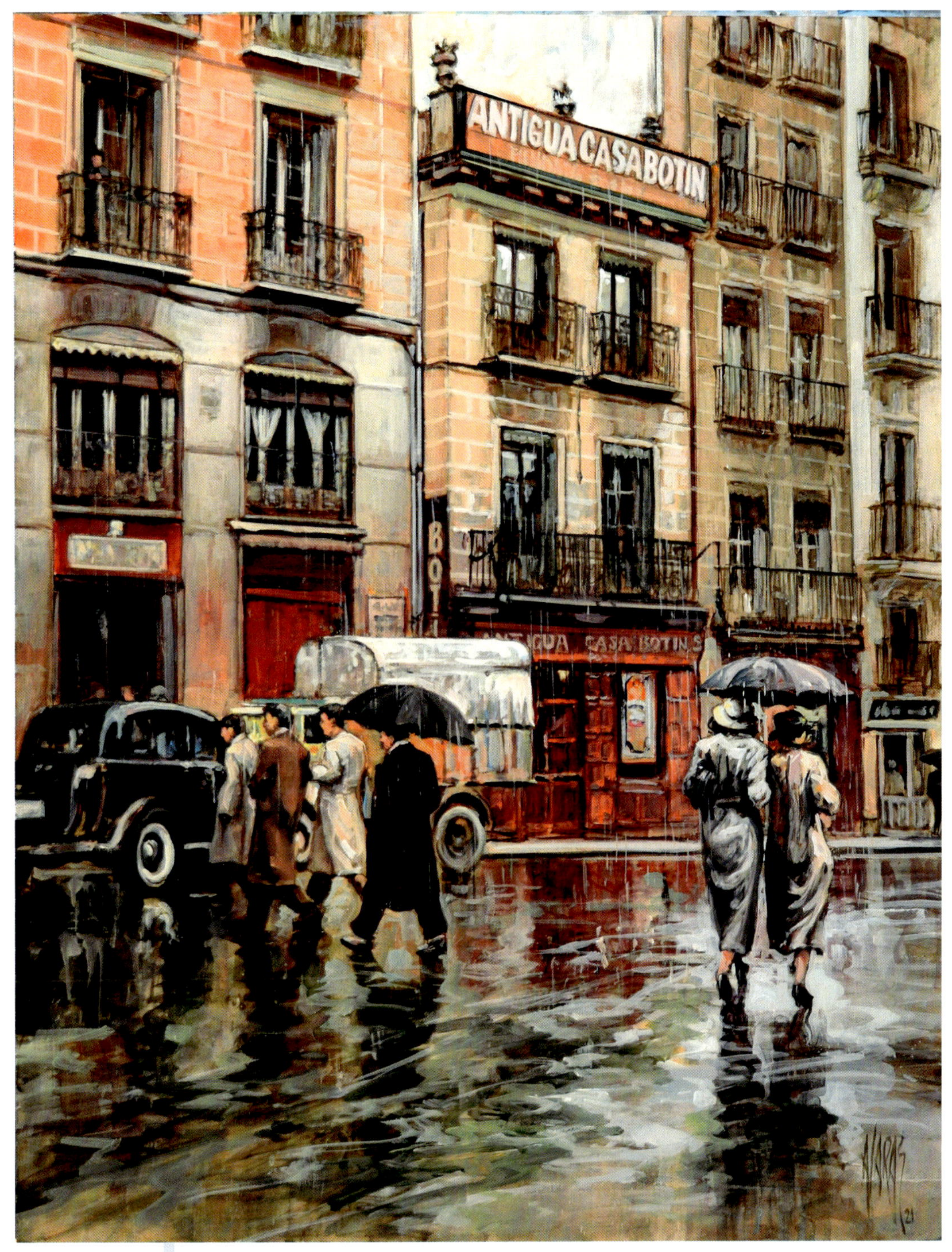

Antigua Casa Botín
Óleo-Tabla. 45 x 35 cm

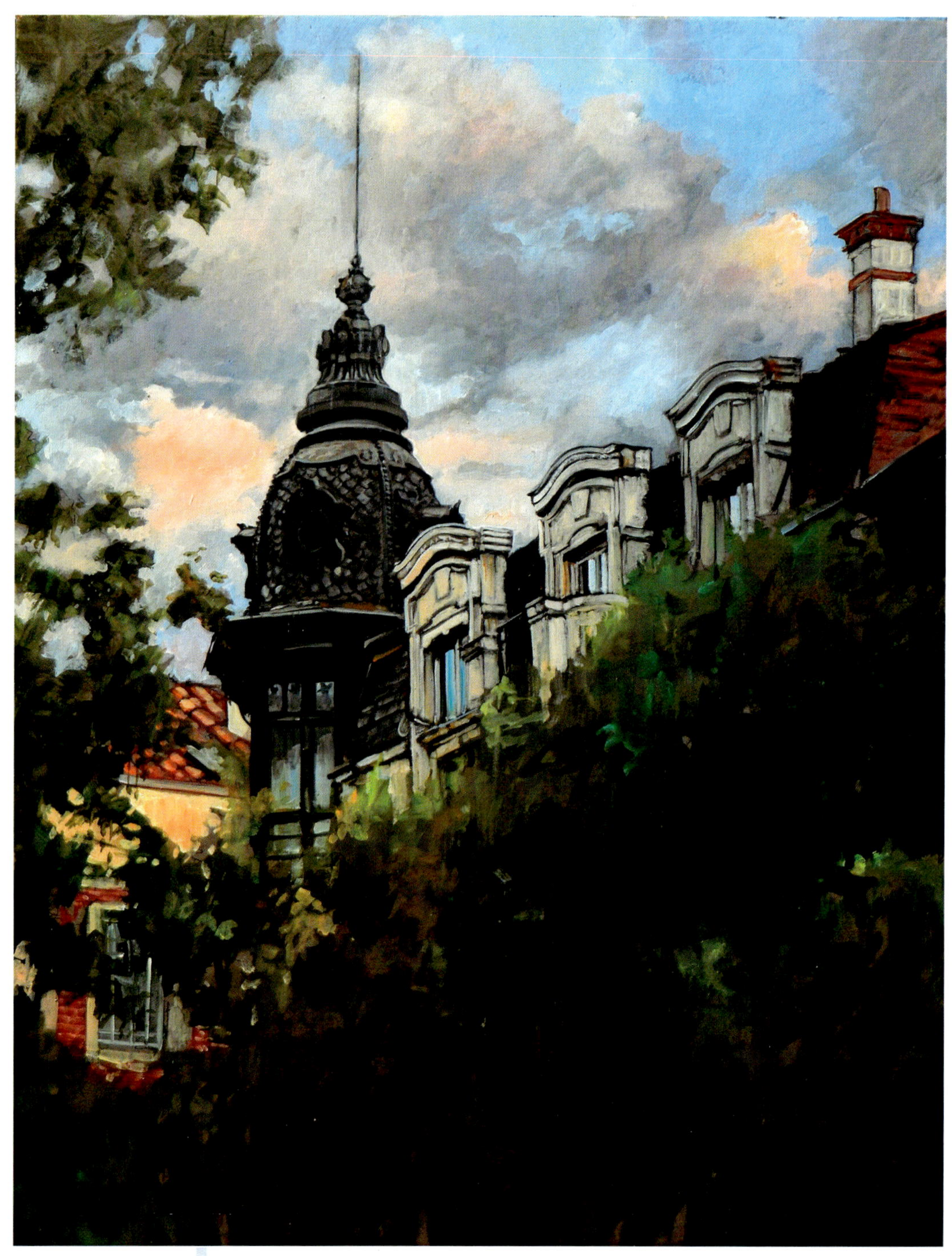

BARRIO DE SALAMANCA
Óleo-Tabla. 45 x 35 cm

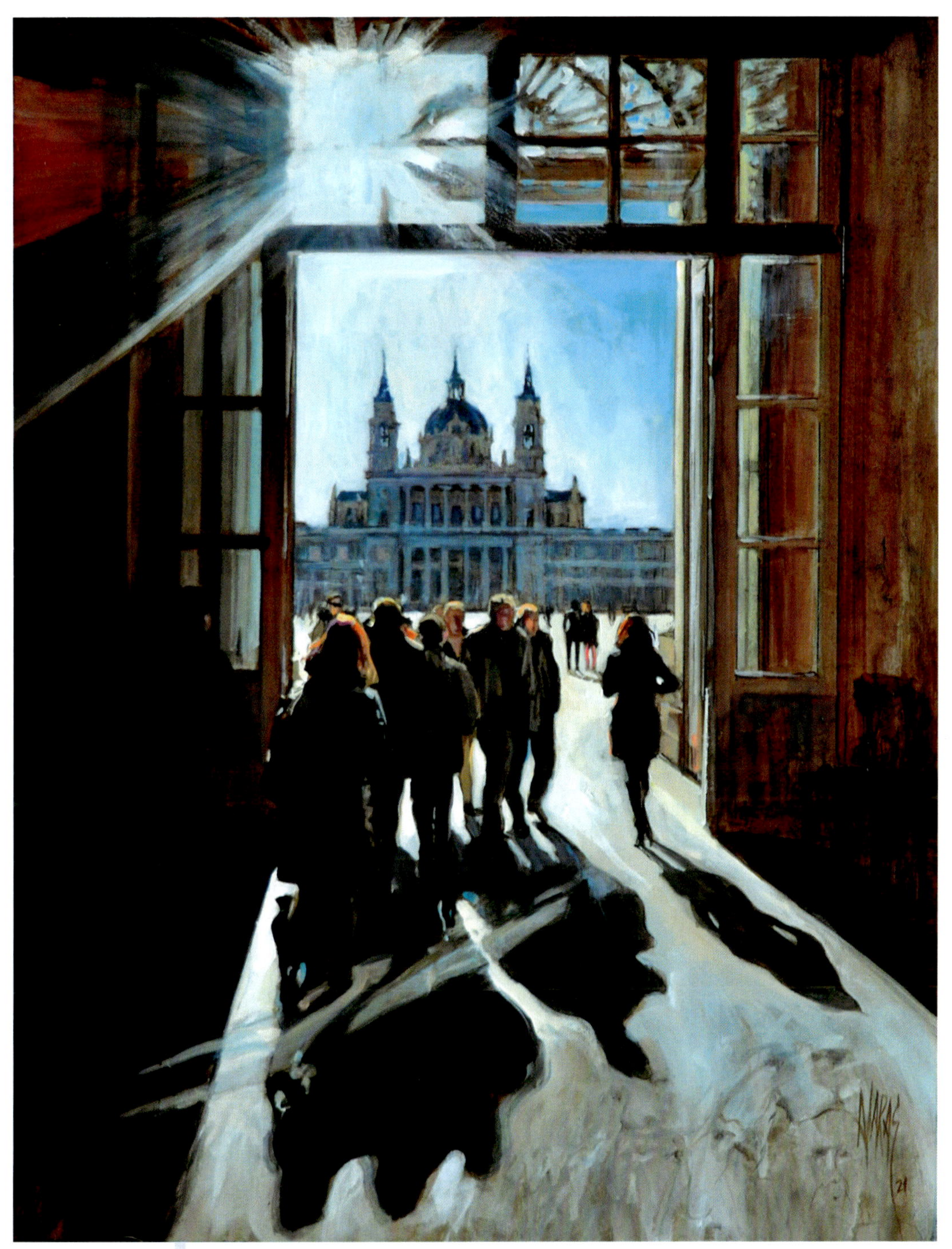

CIELO DE MADRID
Óleo-Tabla. 45 x 35 cm

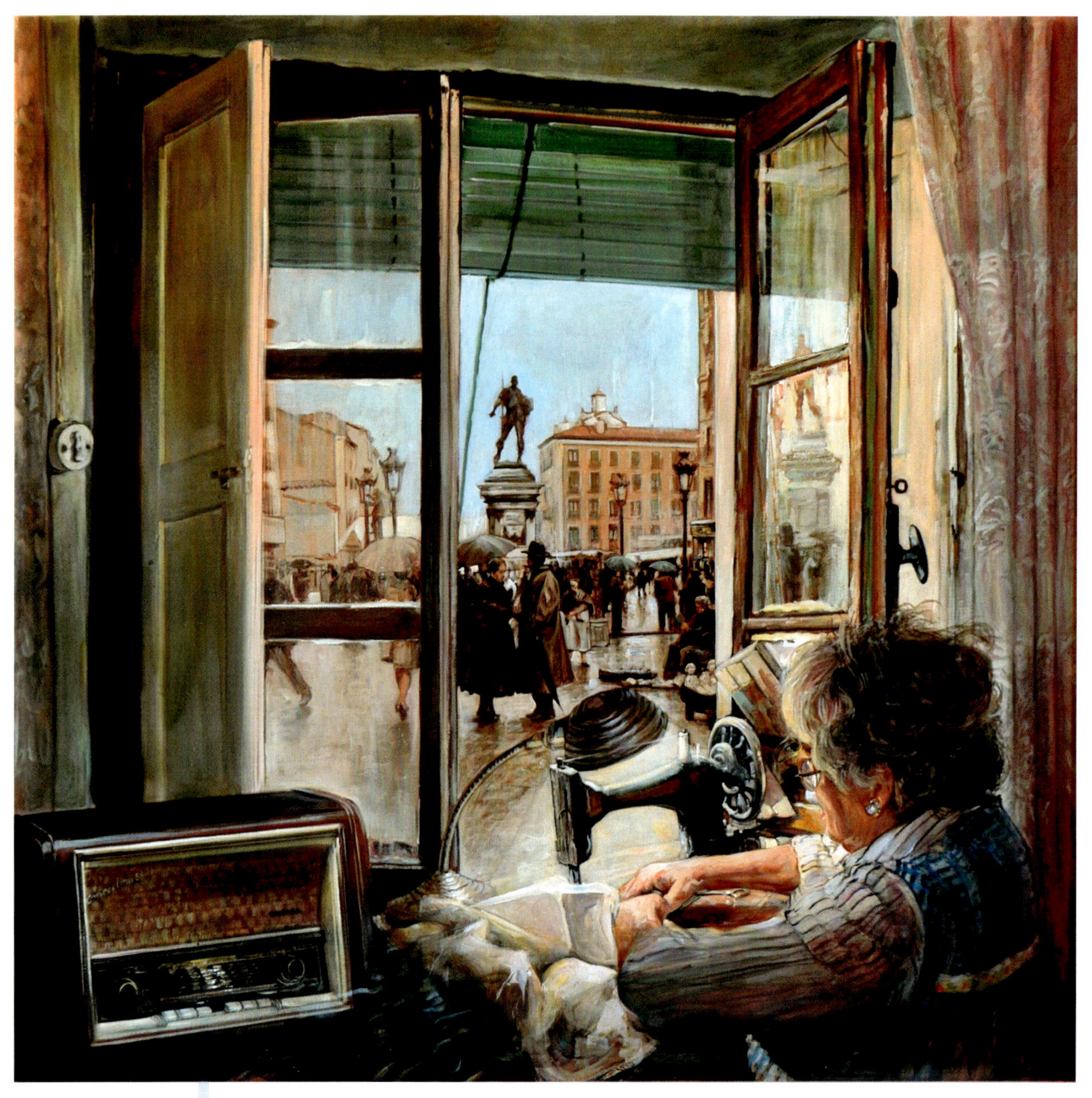

Costurera de Madrid
Óleo-Tabla. 70 x 70 cm

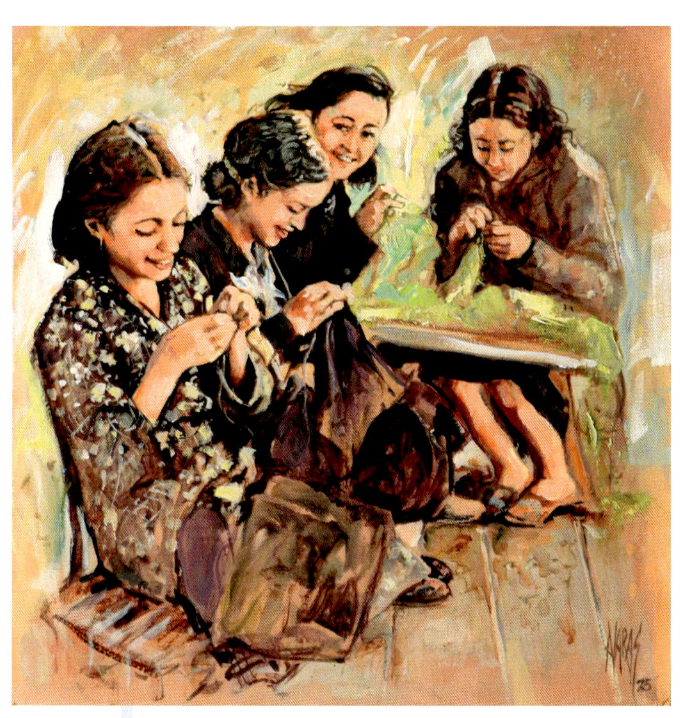

COSTURERAS
Óleo-Tabla. 26 x 26 cm

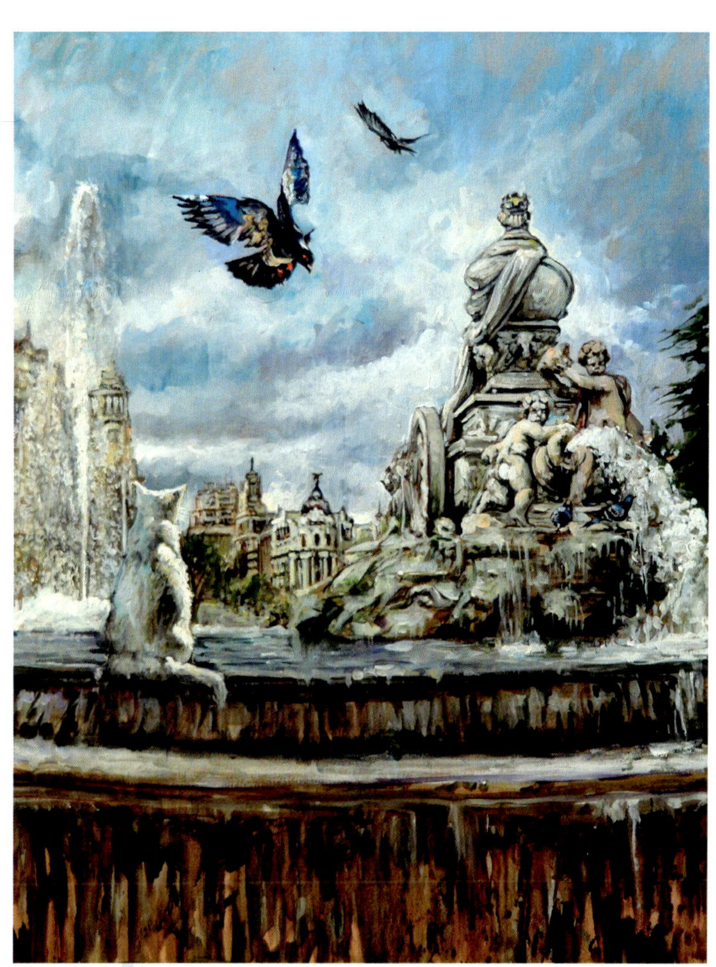

LA CIBELES BLANCA
Óleo-Tabla. 45 x 35 cm

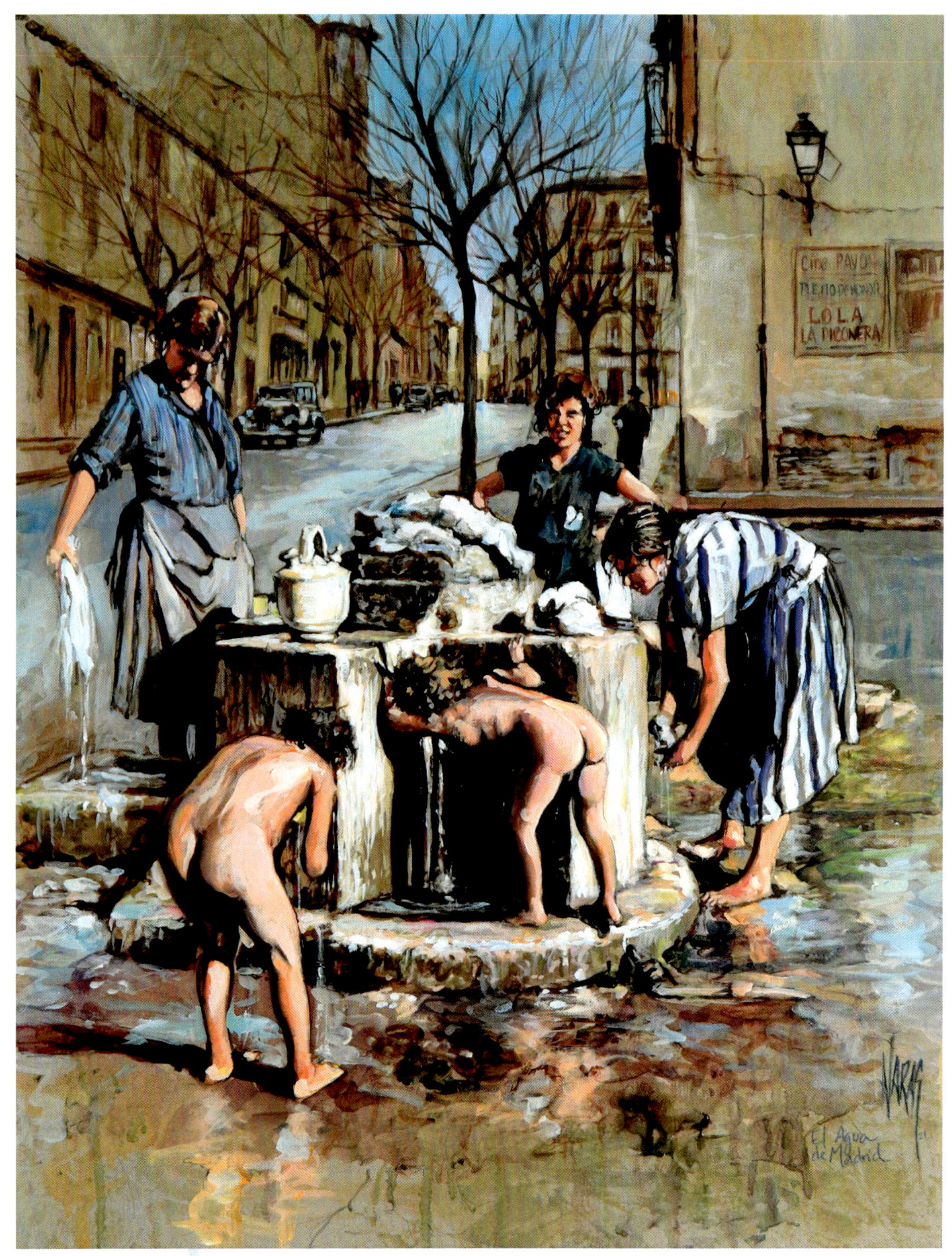

EL AGUA DE MADRID
Óleo-Tabla. 45 x 35 cm

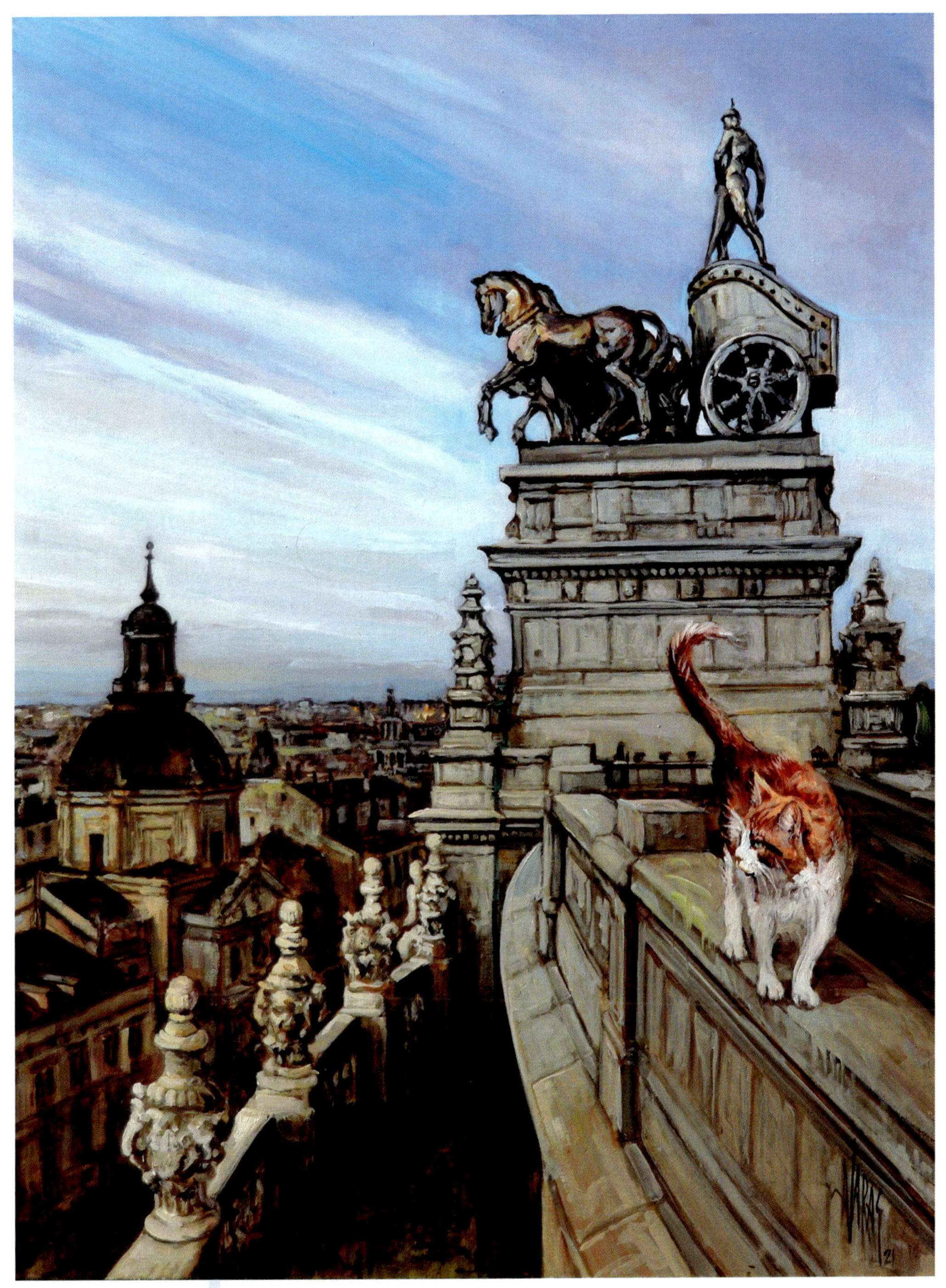

EL GATO EN EL TEJADO
Óleo-Tabla. 45 x 35 cm

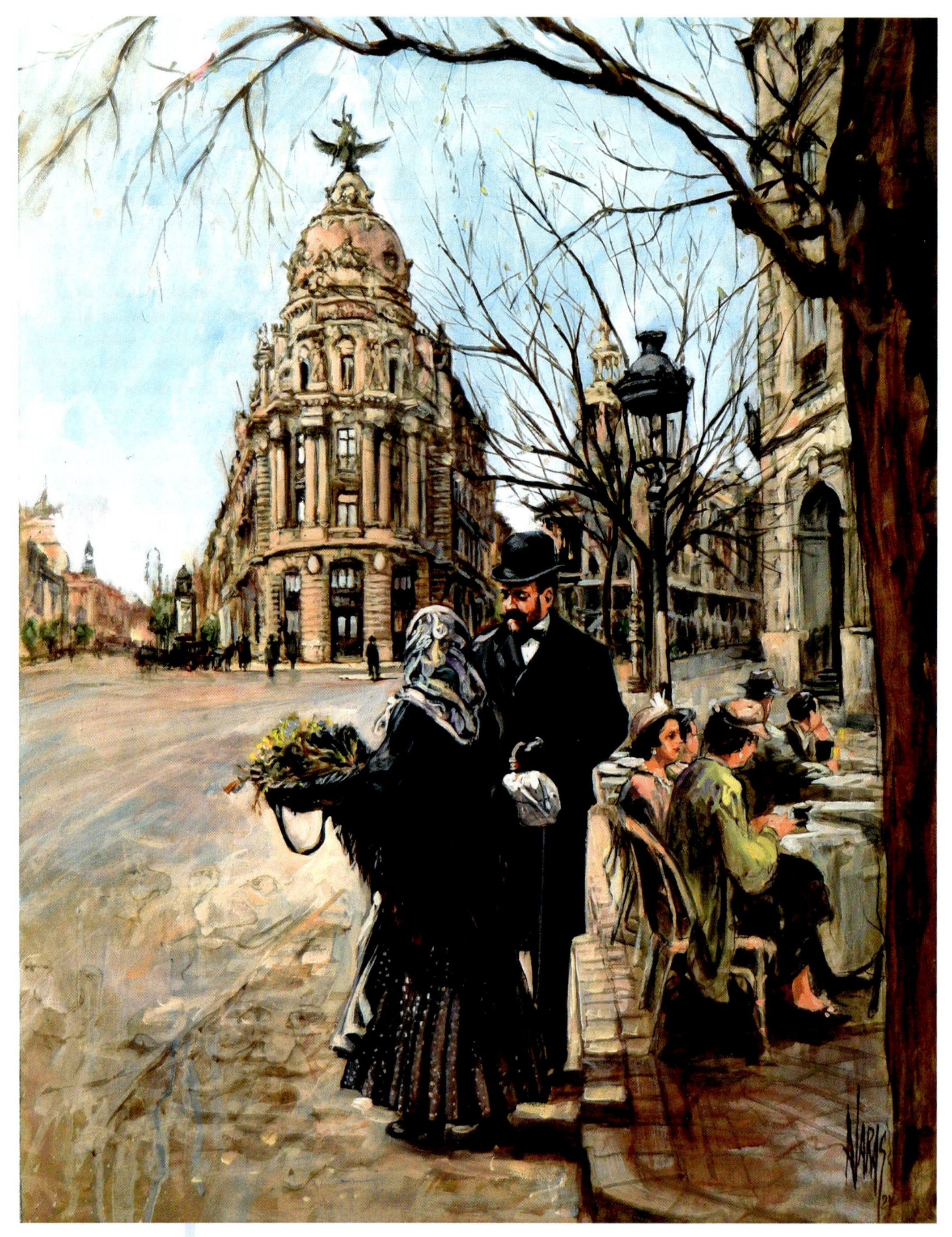

EL RAMITO
Óleo-Tabla. 45 x 35 cm

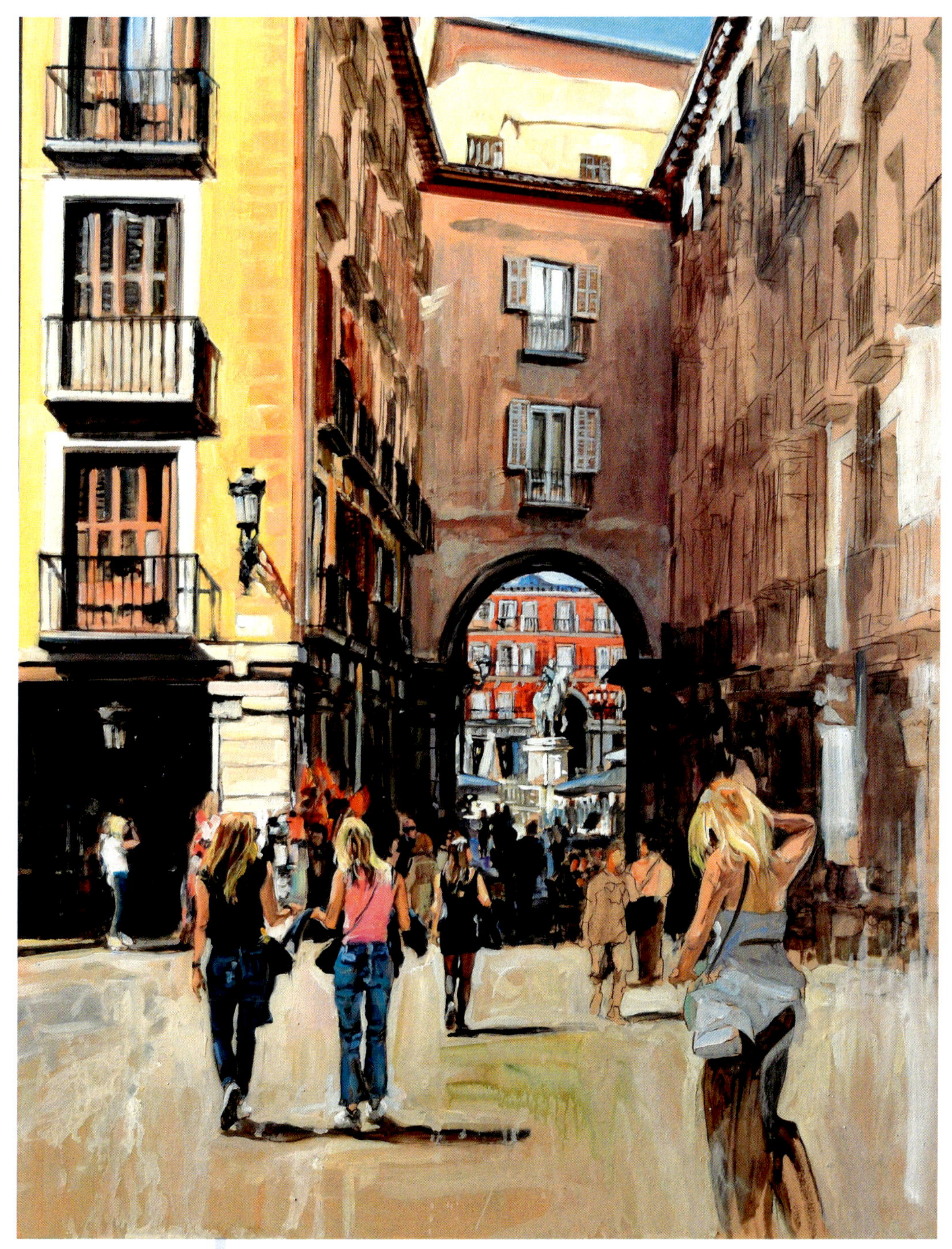

Entrada a la Plaza
Óleo-Tabla. 45 x 35 cm

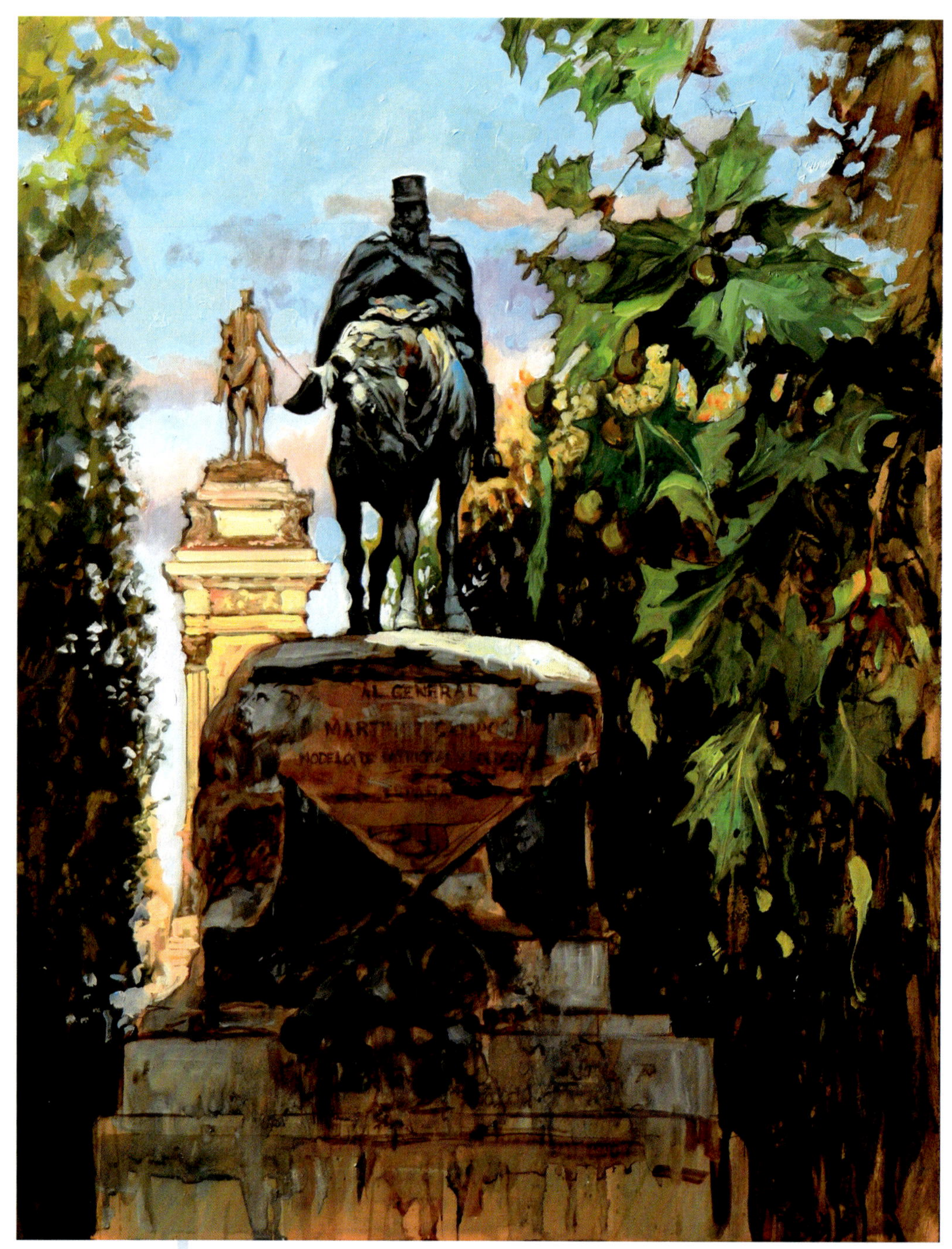

Escultura del Retiro
Óleo-Tabla. 45 x 35 cm

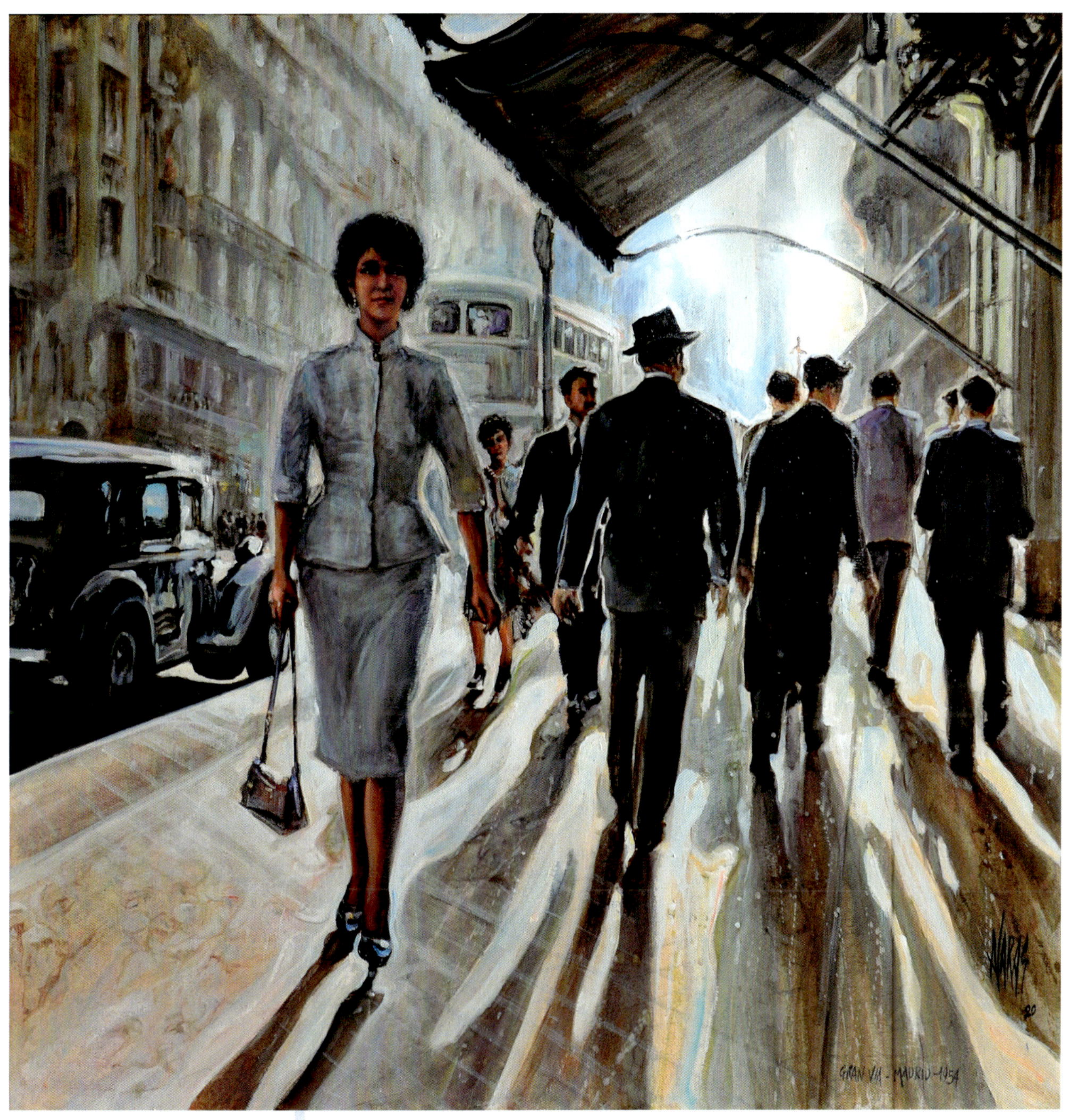

GRAN VÍA AÑOS 50
Óleo-Lienzo 70 x 70 cm

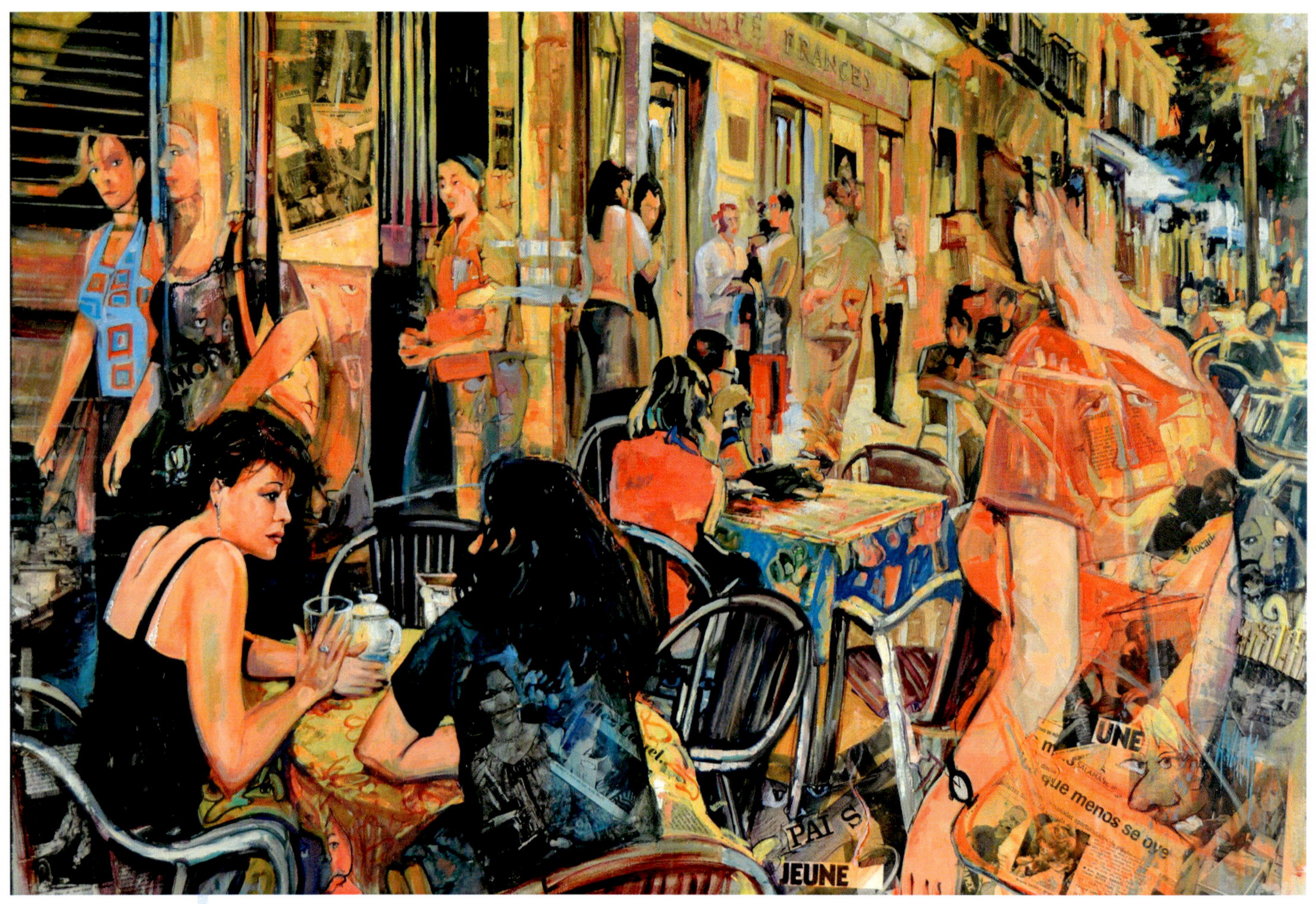

La Movida Madrileña
Óleo-Tabla. 81 x 122 cm

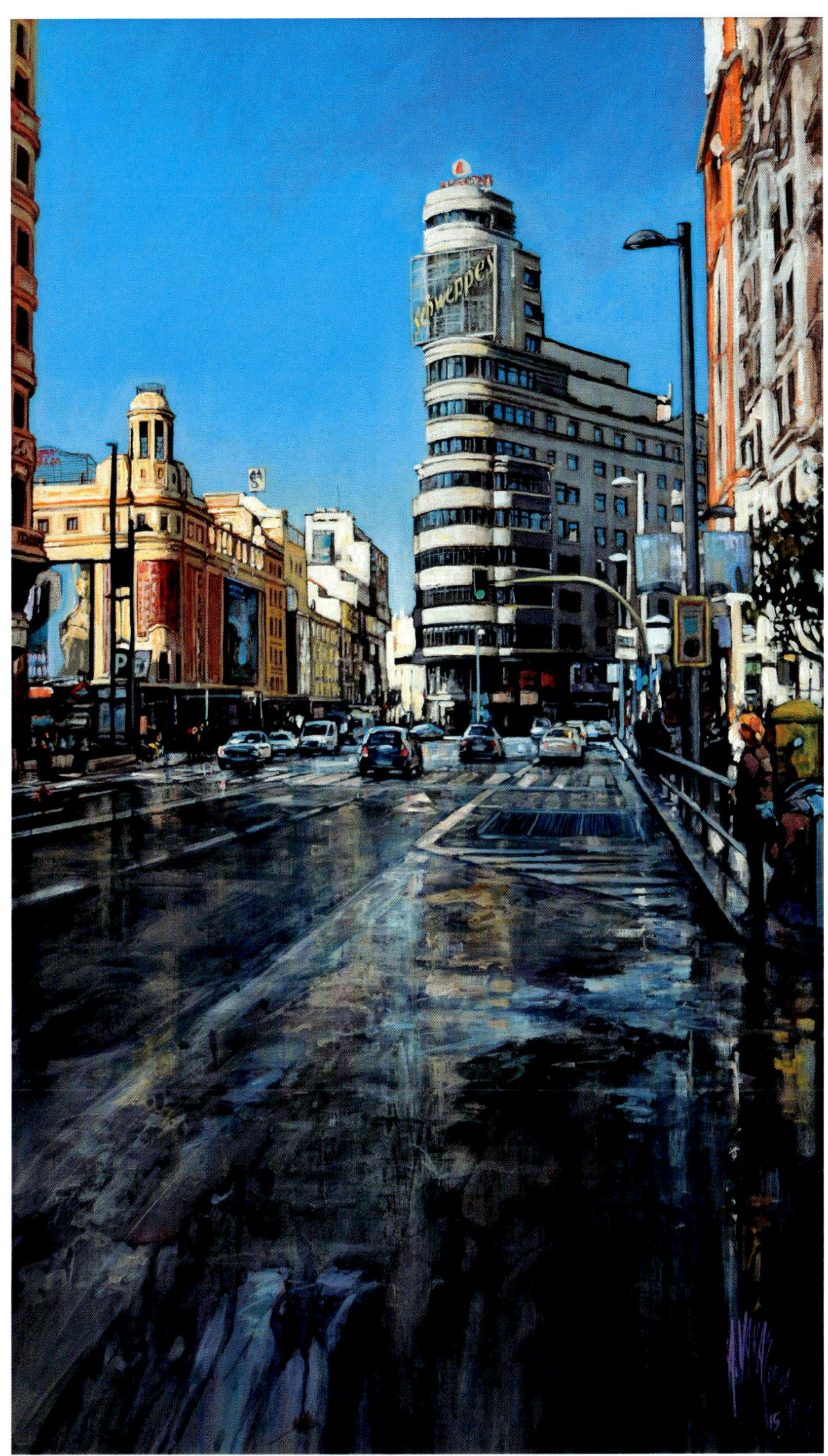

MADRID - CALLAO. OTOÑO
Óleo-Tabla. 70 x 40 cm

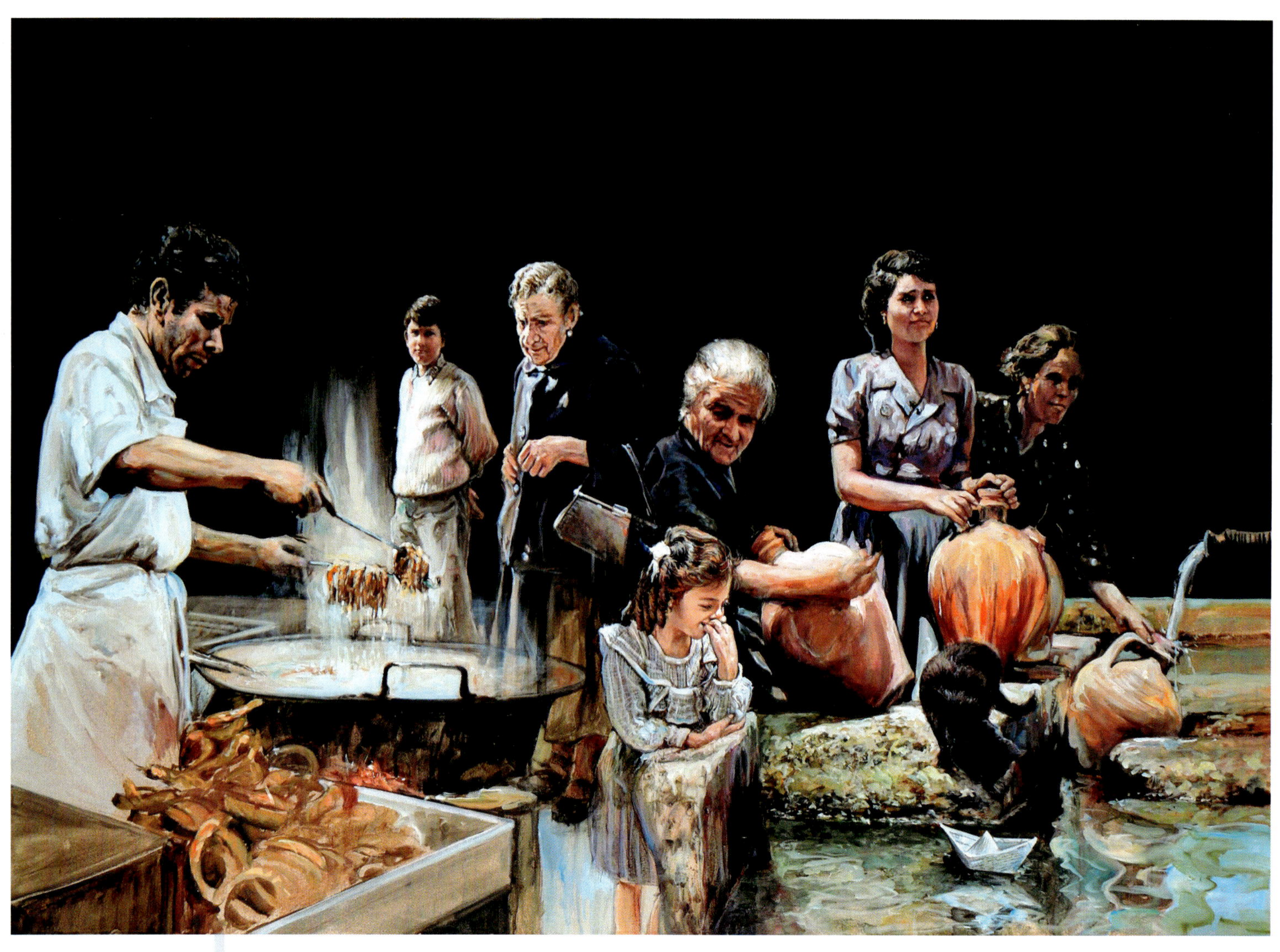

MADRIDZ
Óleo-Lienzo. 114 x 162 cm

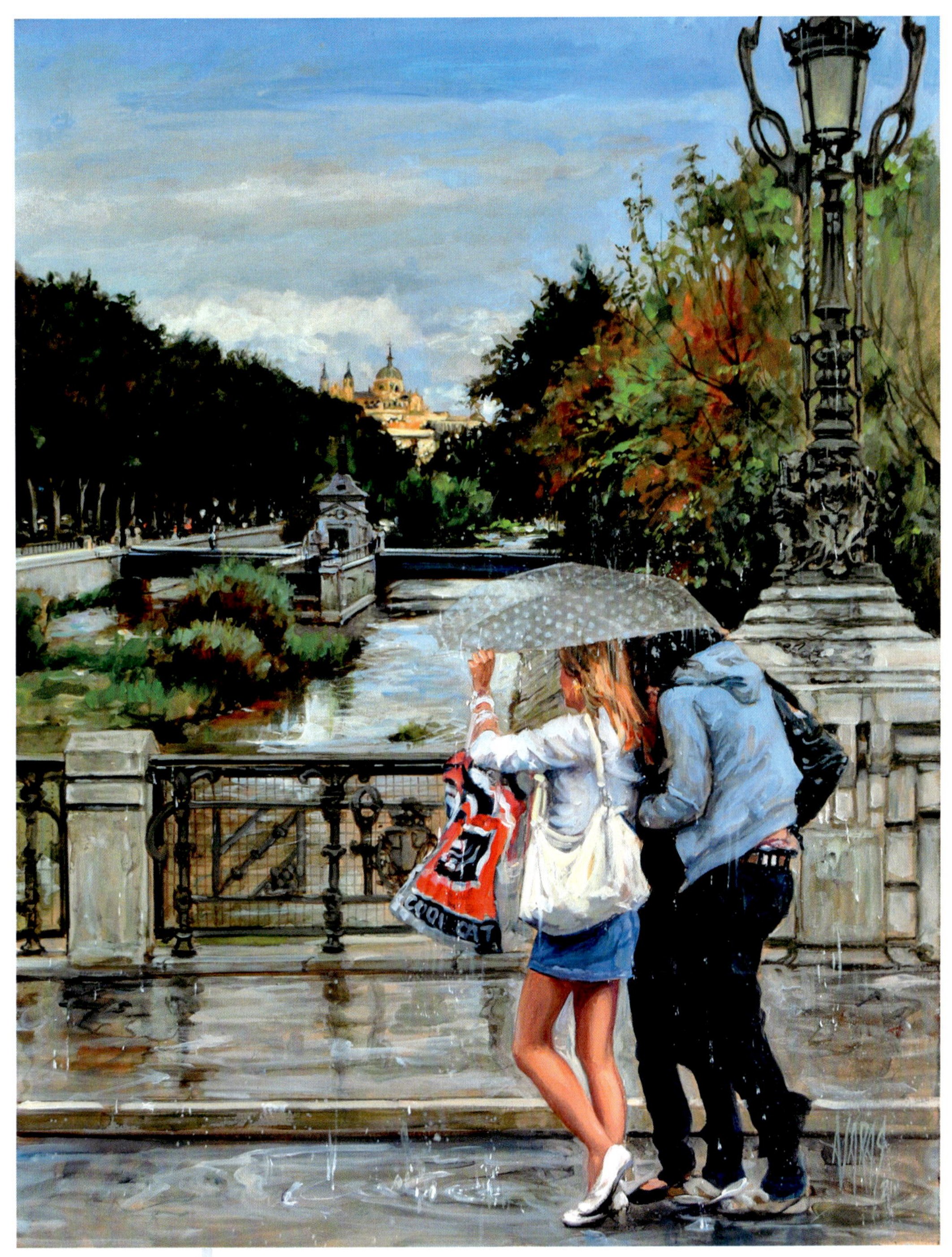

Puente Reina Victoria
Óleo-Tabla. 45 x 35 cm

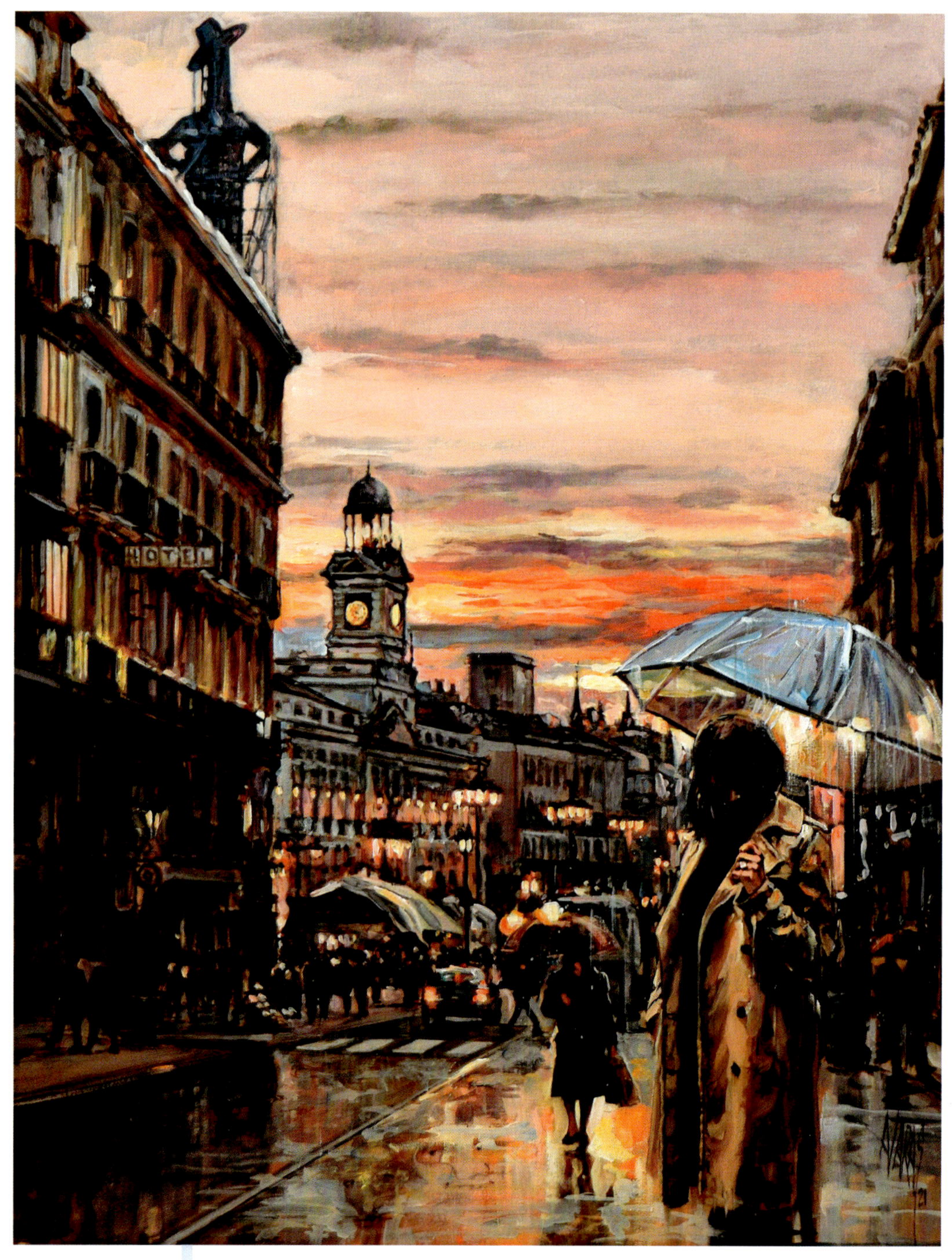

PUERTA DEL SOL
Óleo-Tabla. 45 x 35 cm

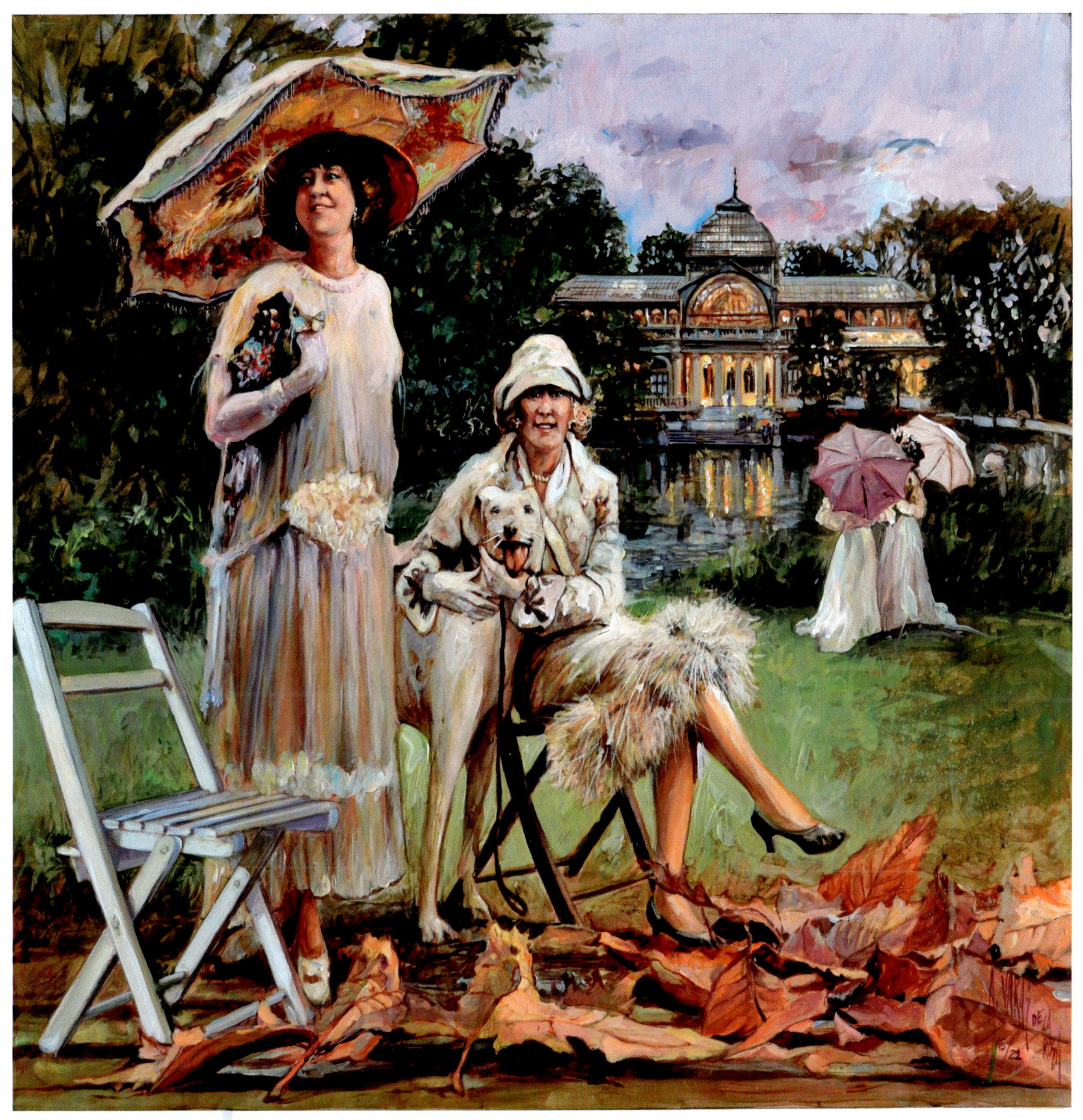

Señoritas en el Retiro
Óleo-Tabla. 61 x 61 cm

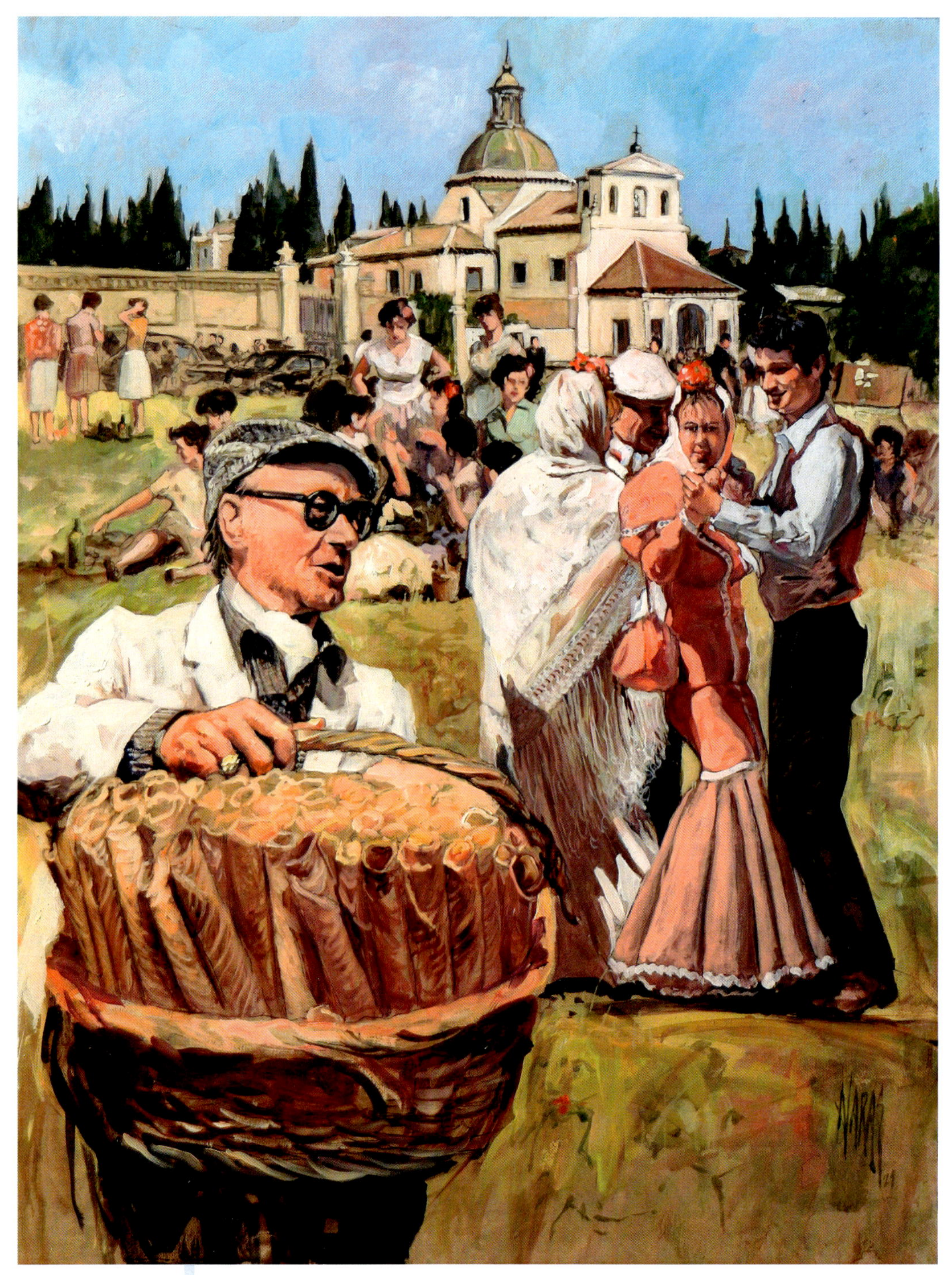

Verbena de San Isidro
Óleo-Tabla. 45 x 35 cm

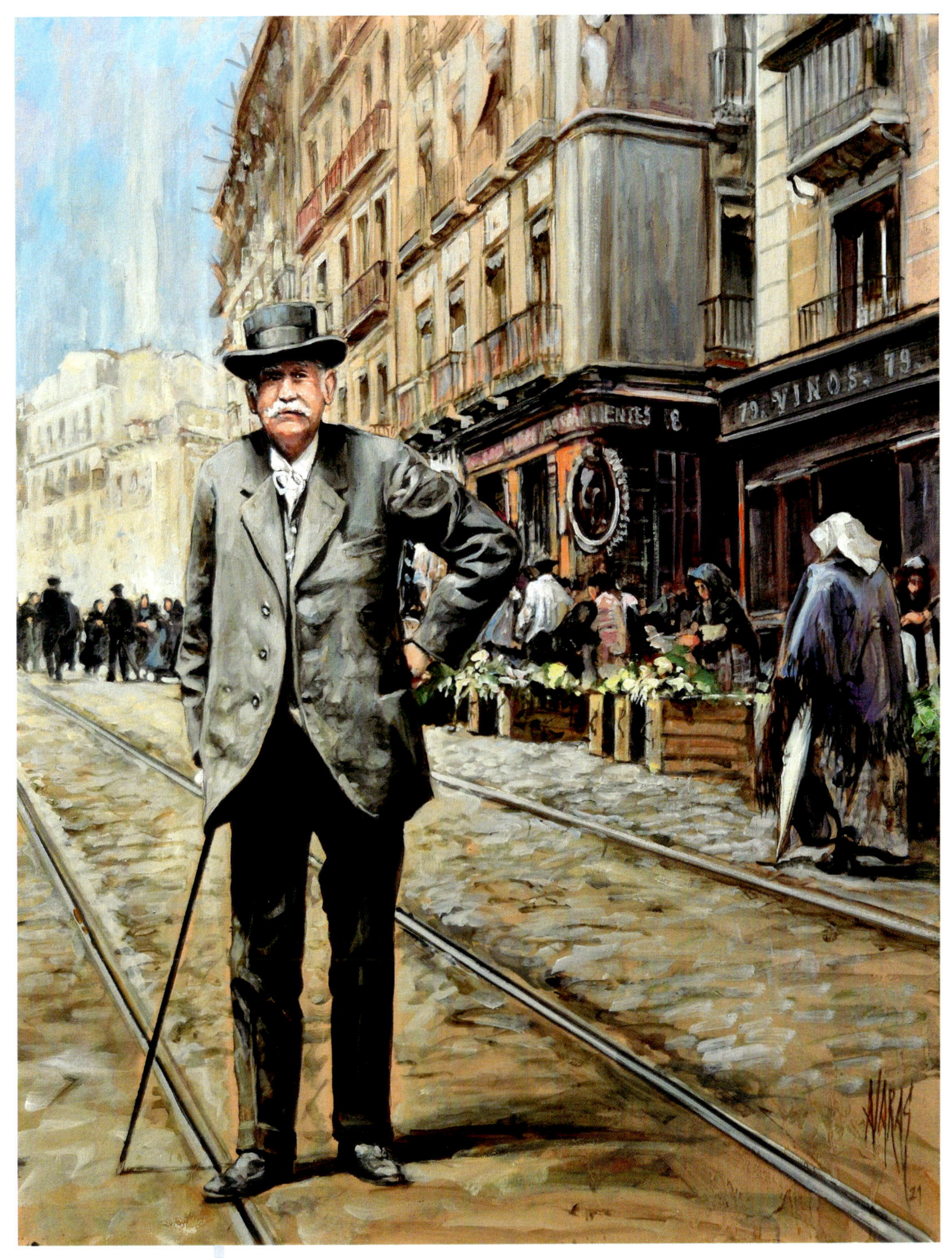

Madrid del XIX. Galdós
Óleo-Tabla. 45 x 35 cm

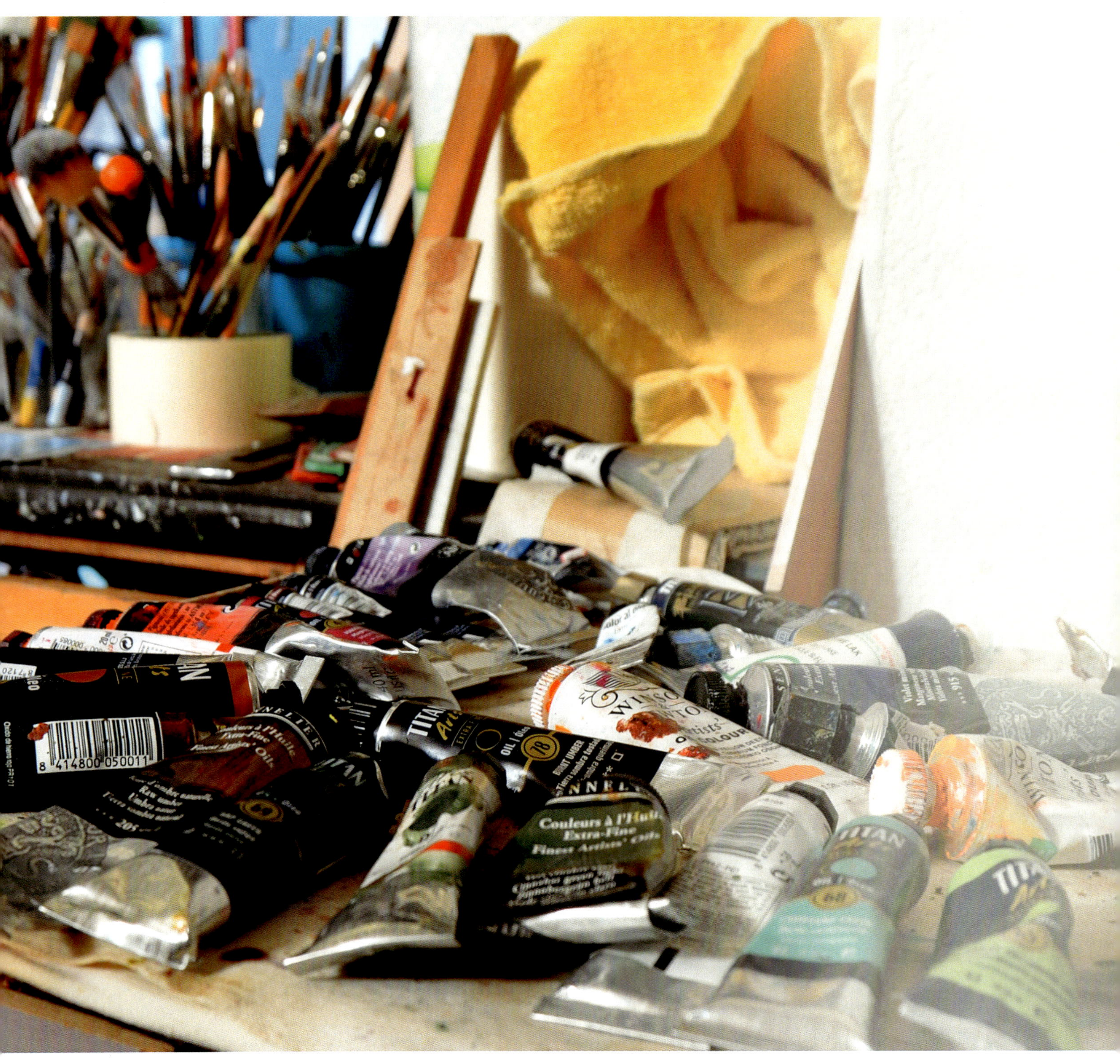

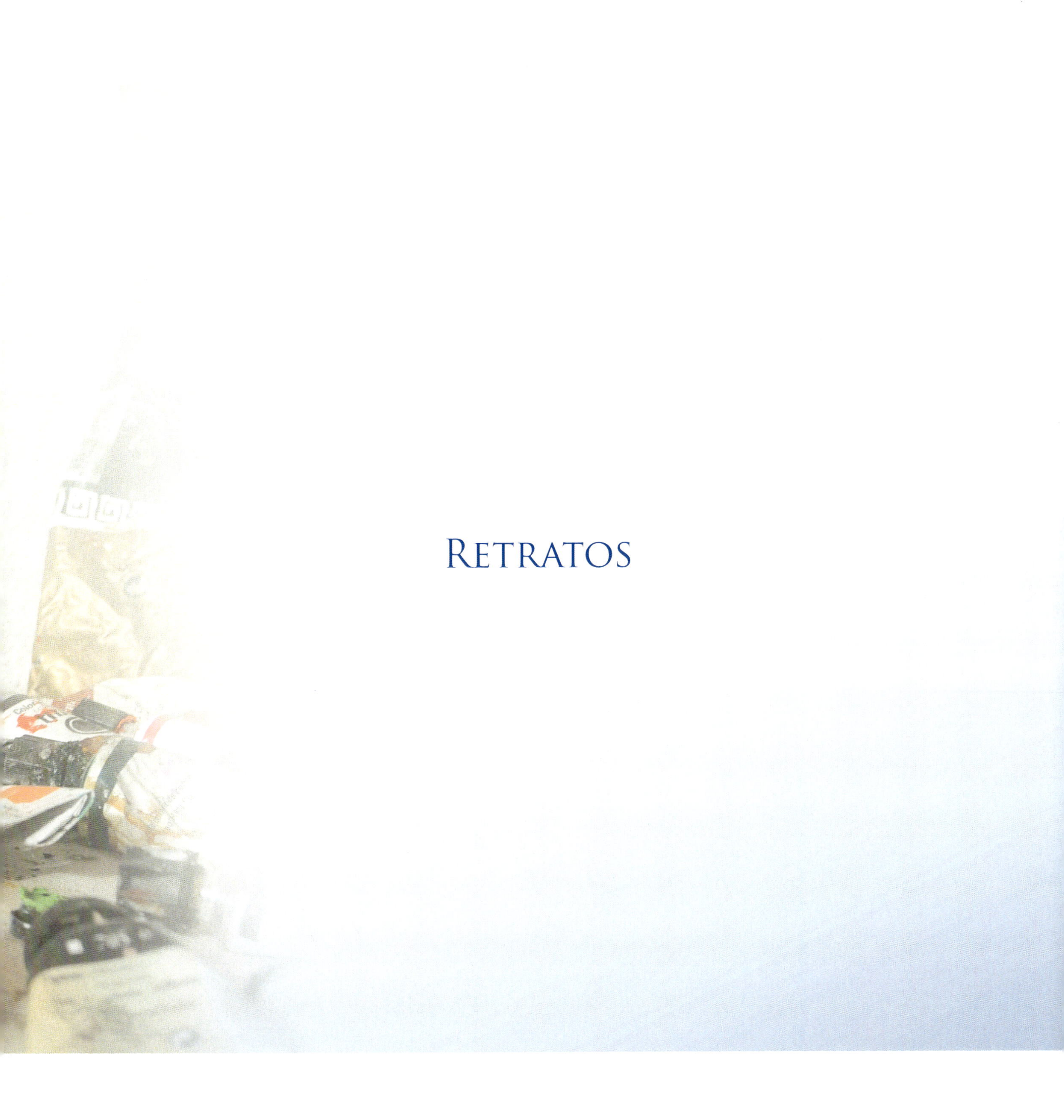

Retratos

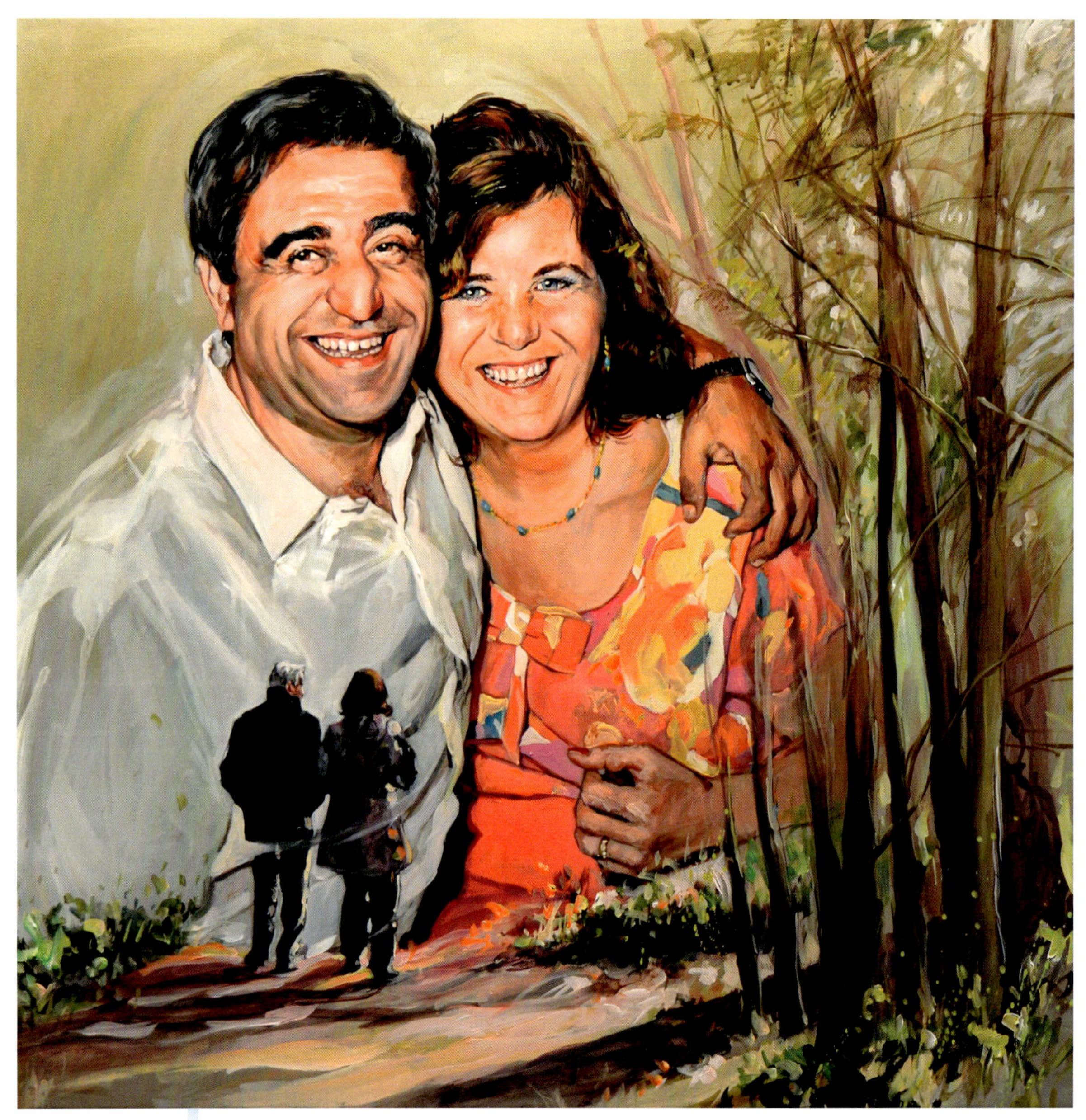

Ruchdi Rosaura
Óleo-Tabla. 60 x 60 cm

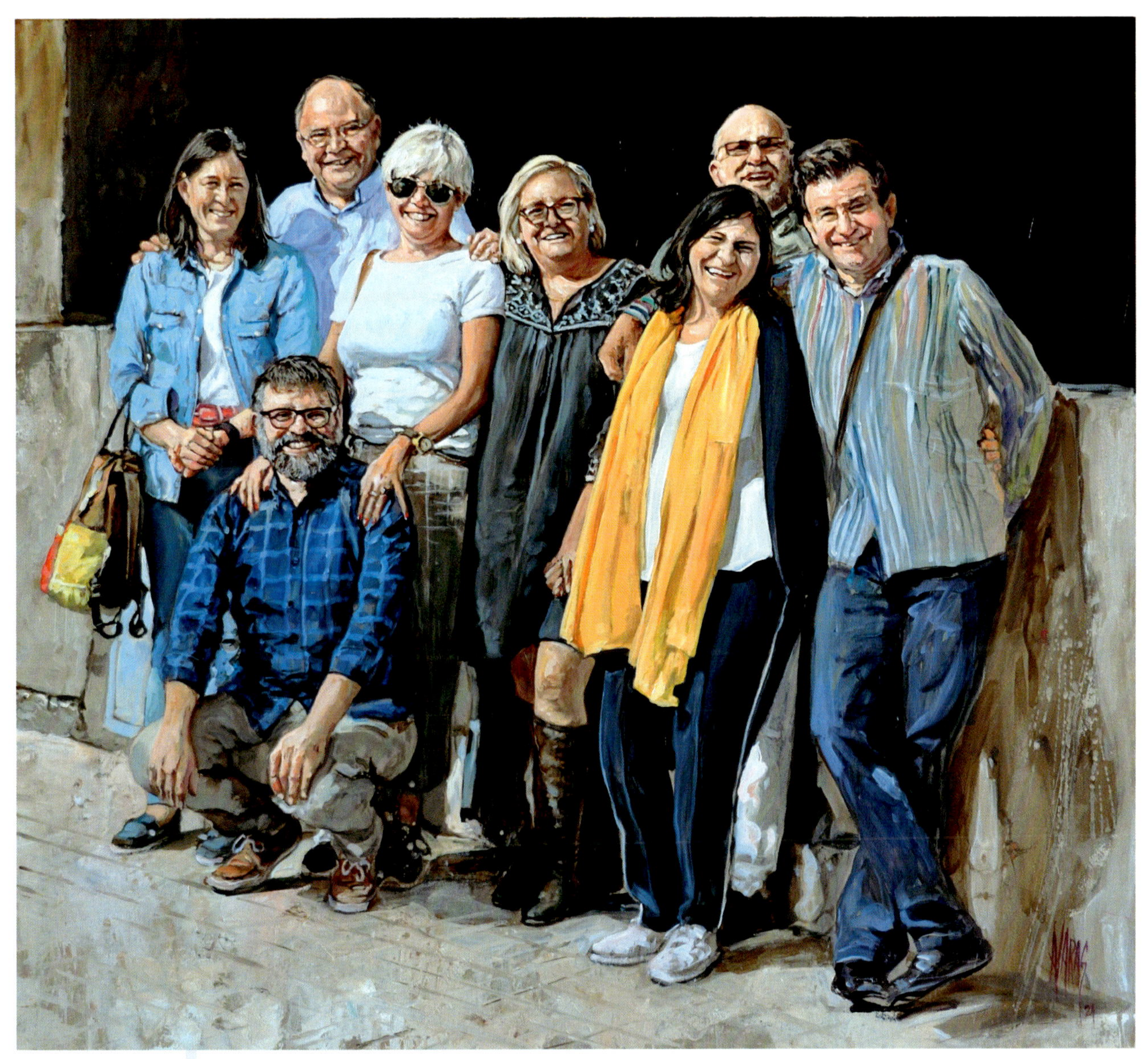

Sagrario, Alberto y familia
Óleo-Tabla. 65 x 58 cm

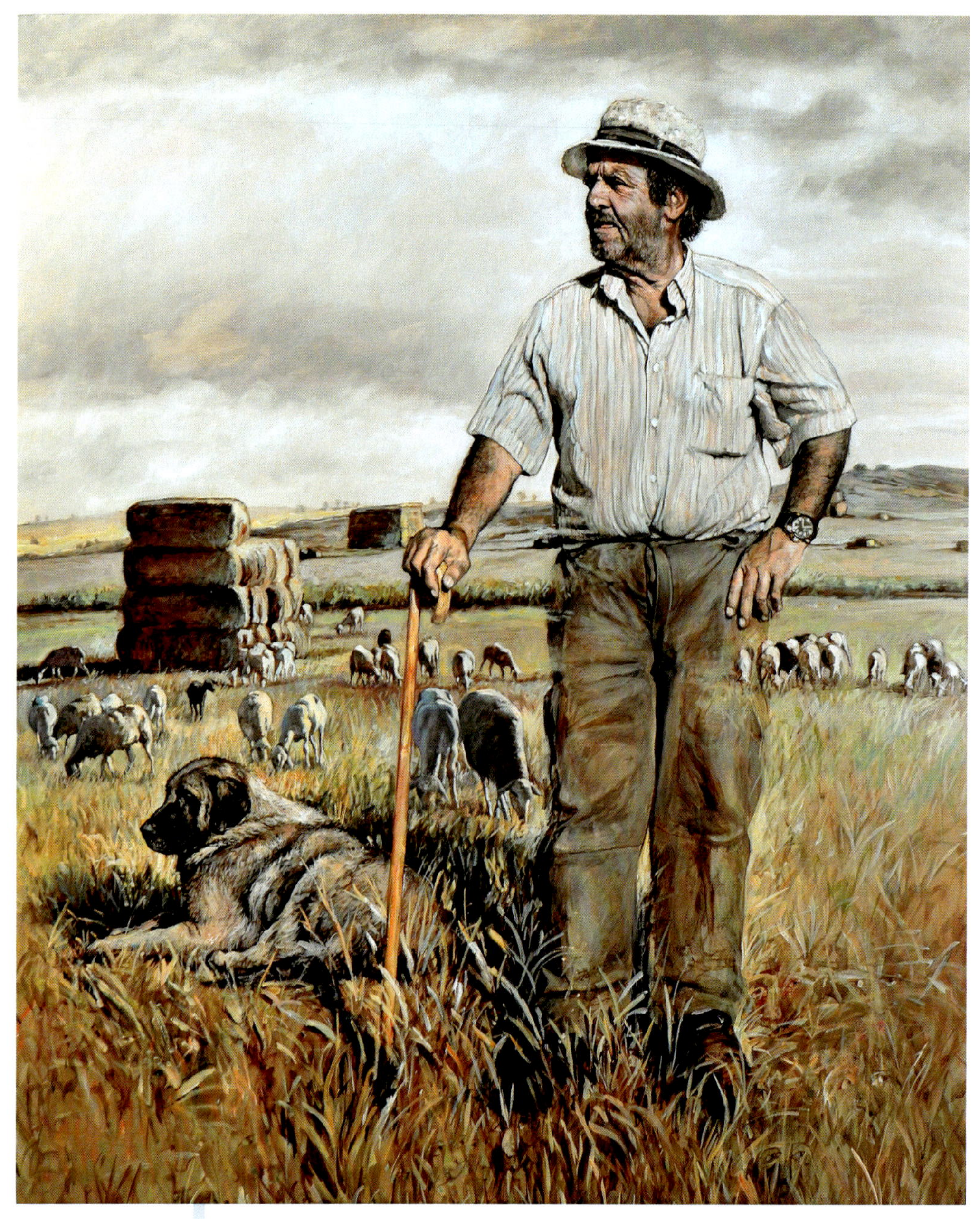

ÁNGEL. PASTOR DE CALVARRASA
Óleo-Tabla. 100 x 81 cm

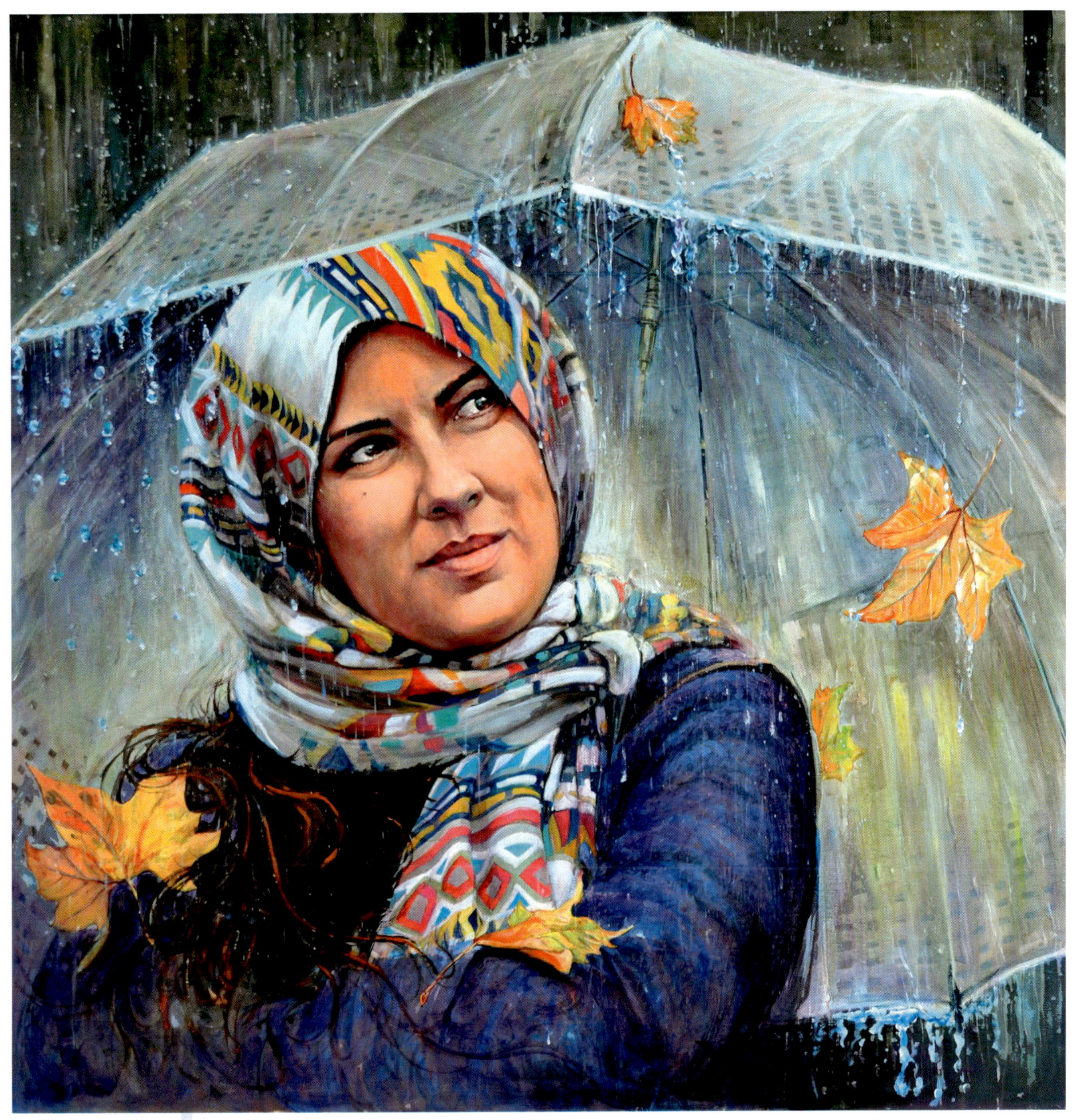

BAJO LA LLUVIA
Óleo-Tabla. 110 x 110 cm

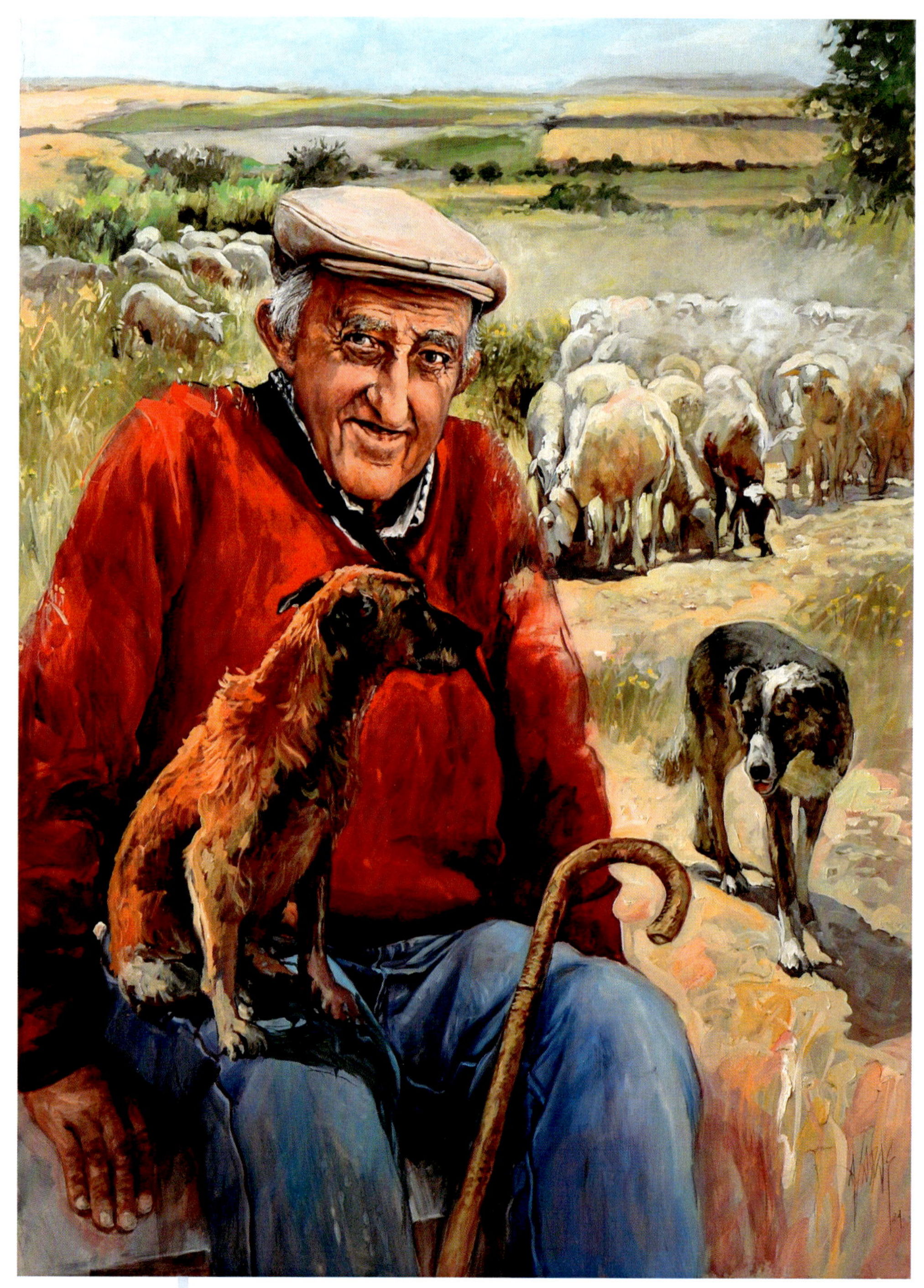

J. Luis. Pastor de Carbajosa
Óleo-Tabla. 81 x 60,5 cm

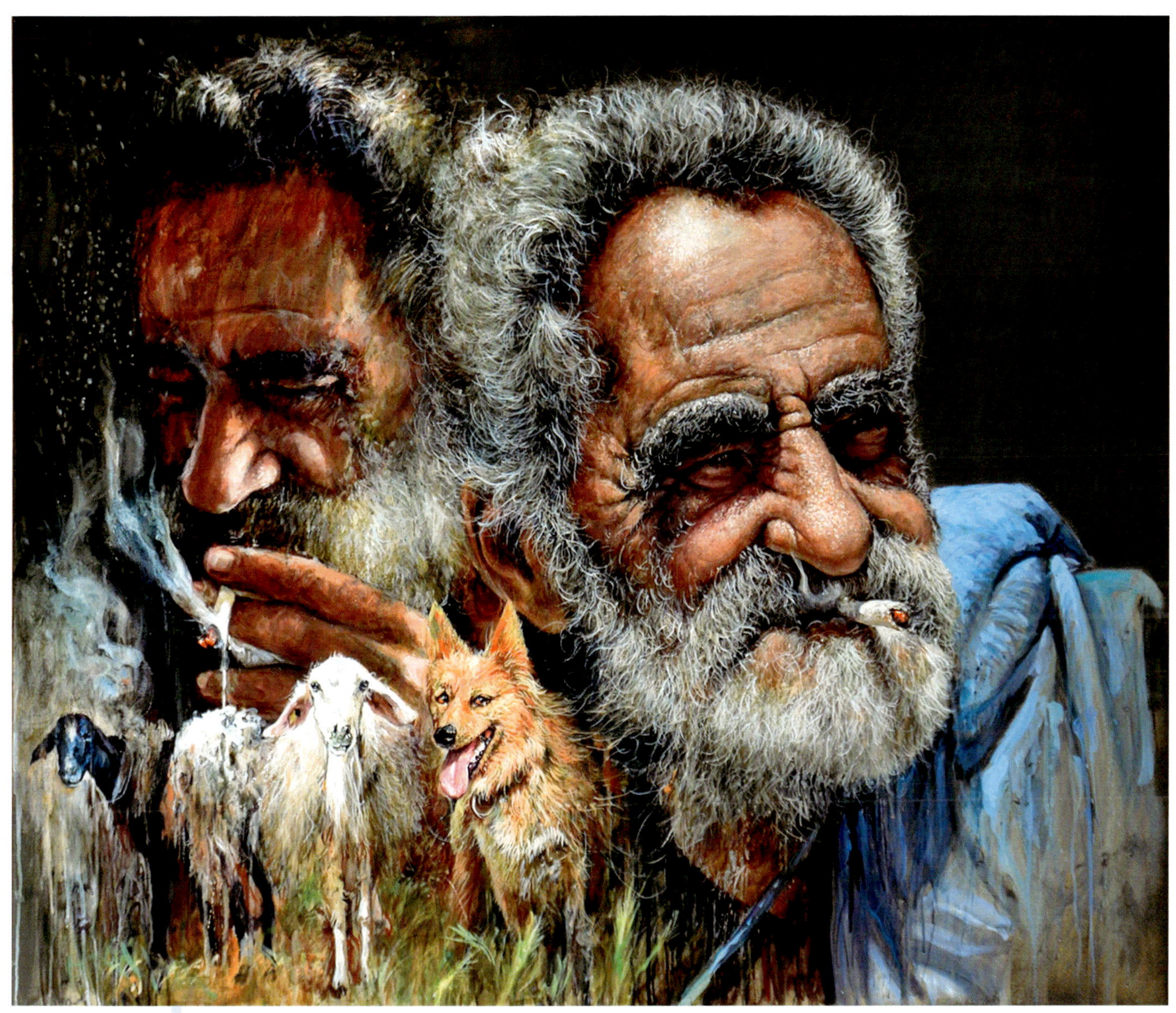

JUANÍN. EL PASTOR
Óleo-Lienzo. 100 x 120 cm

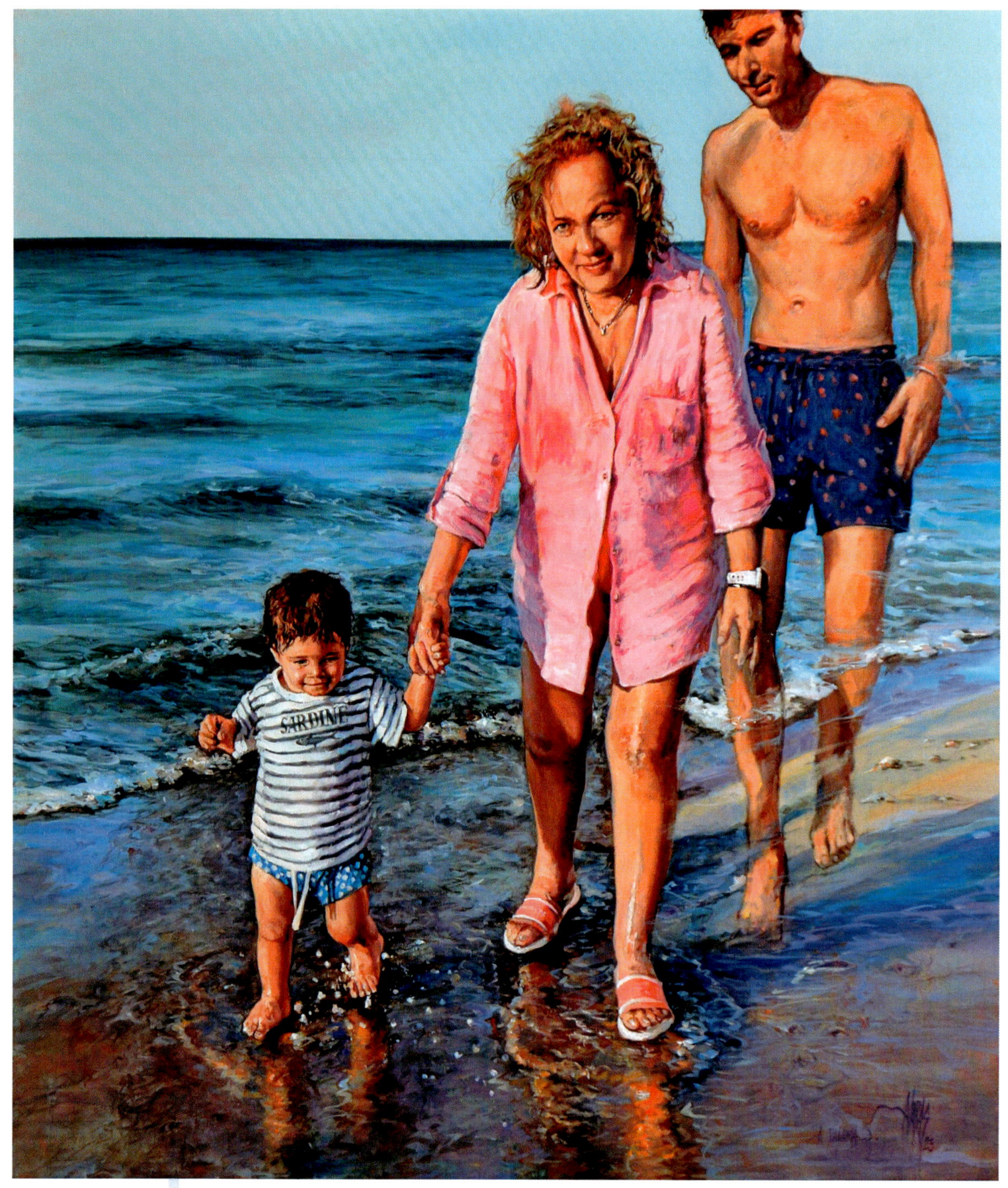

PALOMA CUANDA
Óleo-Lienzo. 114 x 100 cm

de MADRID a SALAMANCA

entre dos aguas